MEDIUM ÆVUM MONOGRAPHS
NEW SERIES VI

LA BATAILLE LOQUIFER

By

MONICA BARNETT

The Society for the Study of
Medieval Languages and Literature

THE SOCIETY FOR THE STUDY OF
MEDIEVAL LANGUAGES AND LITERATURE

http://mediumaevum.modhist.ox.ac.uk

© Monica Barnett 1975

British Library Cataloguing Publication Data
A catalogue record for this book is available
from the British Library

First published for the Society for the Study of
Medieval Languages and Literature by Basil
Blackwell, Oxford, 1975

This digital reprint first issued 2015

ISBN-13: 978-0-907570-79-0 (pb)

TABLE OF CONTENTS

Introduction	1
Description of manuscripts — their symbols	3
Choice of base text	5
Establishment of text	7
Filiation of manuscripts	11
Versification	12
Concordance of *laisses* and narrative of events	15
Composition and historical background	29
Text	32
Appendices	146
List of proper names	176
Select glossary	186

BATAILLE LOQUIFER IN THE CYCLE DE GUILLAUME D'ORANGE

Bataille Loquifer is an epic in the Cycle de Guillaume d'Orange. It recounts the further exploits of Renoart au Tinel who has already appeared in the *Chanson de Guillaume* and in *Aliscans*, another epic of the cycle. But, whereas in these epics Guillaume holds the centre of the stage as he does in other epics of the cycle, in *Bataille Loquifer* and in its sequel the *Moniage Renoart* it is Renoart who is the central figure.

There are three versions of *Bataille Loquifer*. The first survives in two XIIIth Century texts in the Bibliothèque de l'Arsenal, Paris and in the Bibliothèque Municipale at Boulogne-sur-Mer. This version was edited by J. Runeberg in 1913 and dubbed by him Arsenal/Boulogne. The second version, named "Vulgate" by Runeberg and others — a term now reserved for certain manuscripts of this version — survives in eight manuscripts. Its most complete XIIIth Century text is that of the Bibliothèque Nationale, Paris, fonds français 1448, hitherto unpublished, which has been chosen as base text for this edition. The Prose version survives in two XVth Century manuscripts. It was edited by W. Castedello in 1913 but was not known to Runeberg.

A fragment found in the Archives Départementales de la Nièvre bears little resemblance to any of the three versions previously mentioned. It was published in Romania LXII (1931) by Mlle. X. Pamfilova.

Bataille Loquifer derives its name from the main theme of the epic, the fight between Renoart and Loquifer (vv.1190-2307 in the Arsenal/Boulogne version and vv.1433-2450 in *D*). The versions show much in common in their description of events leading up to the battle and the battle itself.

Their treatment of the outcome of the second duel of the epic is, however, fundamentally different. The protagonists of this duel are Guillaume and Desramé. In Arsenal/Boulogne, Desramé is only wounded by Guillaume who assumes he is dead for "ausi con mort esta" (v.3368) and "por mort le tint chascuns qu'el regarda" (v.3405). He is carried off by a bird "alecion" and placed on board a merchant ship bound for Abilent where he spends a year, reappearing later in *Foucon de Candie*. In *D* and other texts of this version, Guillaume kills Desramé outright and cuts off his head. Renoart then throws it into the sea in the Salt Malatois where it gives rise to storms and countless shipwrecks.

A situation similar to Desramé's rescue by the "alecion" bird in the Arsenal/Boulogne version occurs in *Esclarmonde* (ed. M. Schweigel, Ausgaben & Abhand.a.d.Geb.d.Rom.Phil.LXXXIII, Marburg 1889). Huon is saved by a griphon and, elsewhere in *Esclarmonde*, Huon too goes to Abilant.

Three further points of difference between the two versions must be mentioned:

1. The so-called "petit-vers" in Arsenal/Boulogne and its absence in *D* and other manuscripts of the group.

2. Arsenal/Boulogne do not contain any data about the author of the epic whereas four manuscripts of the other version state that he was called Jendeus or Graindor de Brie.

3. Renoart's stay in Avalon — which is both Arthur's court and capital — found in *D* and in other texts of this version, is lacking in Arsenal/Boulogne. The latter do depict an encounter between Renoart and a siren (Laisses LXXV-VII). Laisse LVII of Arsenal/Boulogne and Laisse LXXXVIII of *D* are almost identical.

Renoart's stay in Avalon may well have inspired similar situations in the Rifacimenti — as yet unpublished — of the *Chevalerie Ogier*, in the 'romans chevaleresques' of the XVth Century, French, Italian and German, in de Mandeville's *Travels* and in Jean d'Outremeuse's *Li Myreur des Histors* and in a unique book, *Le Livre des Visions d'Oger le Dannoy au Royaulme de Fairie*, Paris 1542. *Ulrich von Tuerheim's Rennewart* is an amalgam of *Aliscans*, *Bataille Loquifer* and *Moniage Renoart*.

As an epic *Bataille Loquifer* is not of a stature comparable with other great epics of the Cycle de Guillaume, but profitable work remains to be done on its historical background and on comparison with epics both inside and outside the Cycle, in France and elsewhere, with hopes of clues to the rise and decline of Renoart's popularity.

The version of *Bataille Loquifer* to which this edition belongs has come to us in eight manuscripts. The symbols used for them are those given by Mlle. M.Tyssens in her *Geste de Guillaume d'Orange dans les manuscrits cycliques* (Paris 1967, p.41). The symbols given in brackets are those of *Aliscans* (ed. Wienbeck, Hartnacke & Rasch, Halle 1905) and of the *Bataille Loquifer* (M.J. Barnett, London Ph.D. Thesis 1959, text of *D* and of all the variants of this version).

A^2 (b)   Paris, Bibl.nat., fr.1449, fol.142-150
Two columns per page, 40 lines to the column. *Bataille Loquifer* is preceded by a large capital. Middle of the XIIIth Century.

A^3 (B)   Paris, Bibl.nat., fr.368, fol.218-231
Three columns per page, 50 lines per column. Transition from *Aliscans* to *Bataille Loquifer* and from latter to *Moniage Renoart* is marked only by a capital letter larger than the one beginning each laisse. Probably XIVth Century.

A^4 (T)   Milan, Bibl.Trivulziana, No.1025, fol.142-167
Two columns per page, 40 lines per column. Fo.168 is missing and consequently there is a gap at the end of *Bataille Loquifer*. The epic is preceded by an illumination and a large capital. Second half of the XIIIth Century.

B^1 (L)   London, British Museum, Royal 20 D XI, fol.166-185
Three columns per page, 55 lines per column, illumination and ornamental capitals. XIVth Century.

B^2 (V)   Paris, Bibl.nat., fr.24369-70, fol.245-265 and 1-5
Two columns per page, 44 lines per column. Illuminations and ornamental capitals. Possibly first half of the XIVth Century and of a later date than B^1.

D (e)   Paris, Bibl.nat., fr.1448, fol.272-297
2 columns per page, 42 lines per column, somewhat archaic illuminations and capitals. *Bataille Loquifer* is preceded by a large miniature. Last quarter of the XIIIth Century.

E (C)   Berne, Buergerbibliothek No.296, fol.83-113
Two columns per page, 35 lines per column. Three illuminations one at the beginning of *Bataille Loquifer*, the second before Laisse LVI (the numbering is that of *D*),

the third preceding *Moniage Renoart*. *E* is incomplete at teh end. There is reason to assume that *E* originally contained an Avalon episode. Probably dates from the second half of the XIIIth Century.

(F) (d)   Paris, Bibl.nat., Fr.2494, fol.166-216

Two columns per page, 28 lines per col., no illuminations. In Laisse XXXIX (numbering of *D* at v.2227) *F* diverges from *D* and reads: "jusqu'a la terre si parfont l'anfonce", which corresponds to v.2285 of Laisse XL. The next line of *F* corresponds to Laisse XLI (*D*). The two texts agree until "telle iert s'aloigne" of *F* corresponding with v.2378 of *D* where the texts had begun to diverge. *F* then follows the same order as *D* until v.2284 where it reads "il en appella Pilate et Bapsebu" corresponding with v.2379 of *D*. Henceforth both manuscripts follow the same order of narration. The transposition of Laisses in *F* might be a possible scribal error. *F* is ascribed to the XIIIth Century.

Arsenal/Boulogne Version

Ars.   Paris, Bibl. de l'Arsenal 6562, fol.119-166

Two columns per page, 30 lines per column, no illuminations. XIIIth Century. This manuscript has hitherto not been given a siglum, other than (a) in the Halle edition of *Aliscans*.

Boul.   Boulogne sur Mer, Bibl. Municipale, Anc. Fonds St.
(C)   Bertin 192, Fol. 142-158.

Two columns per page, 30 lines per column.
Dated 16th April 1295.

Prose Version

Paris, Bibl.nat., 796, formerly 7565, fol. 292-300 vellum, illuminations left blank, XVth Century.

Paris, Bibl.nat. 1497, fol. 429-448.
paper, XVth Century.

D has been chosen as the base text for this edition as it contains the oldest and most complete text of *ABEF*.

None of the three other XIIIth Century texts is complete. A^2 is fragmentary and contains only the beginning of *Bataille Loquifer* up to "vers tant de gent ai pou chevalerie", corresponding to v.1074 of *D*, that is to say does not even include the battle between Renoart and Loquifer. *F* contains the epic up to and including Loquifer's death, ending at v.2459. *E* which is otherwise complete lacks the Avalon episode; the gap begins at v.3609 of the base text but there is every indication that *E* or its original may have contained an Avalon episode because *E* depicts two fairies carrying off the sleeping Renoart.

It has not been possible in this edition to give all the variants of the text. Consequently variants are given or used only to remedy difficulties in the text, to fill gaps or omissions in *D*.

Variants:

Although variants are not given the following points should be mentioned.

Vv.15-19 of *D* contain an allusion to an earlier meeting between Renoart and Clarias. $A^2 A^3 A^4$ and F also refer to a similar incident involving Clamor ($A^2 A^3 A^4$) and Clariax (F) and Bertran.

The Avalon episode of *D* is corroborated by $A^3 A^4 B^1 B^2$ and E. Although A^2 is fragmentary, we may infer that it originally contained this episode because the lines preceding the large capital with which *Bataille Loquifer* begins read:
"ci comance la bataille de Loquifer
d'Avalon et de Renoart".
E though lacking the episode shows two fairies and not three as in the other manuscripts carrying Renoart off and refers to a "Regné de Tigris", an "encantere entre les Funoris" and to the "Buis Acquis" which are not mentioned in any other text of *ABEF*. The laisse de raccord in *F* does not allude to Renoart and Avalon and there is no indication that this text may have contained such an episode.

Though containing the laisse describing the storms in the Salt Malatois after Desramé's head is thrown into the sea by Renoart, A^3 and A^4, lack the information about Jendeus de Brie. From v.2745 of *D* until v.3110, the laisses of A^3 and A^4 differ from *D* suggesting that the scribe or author of these manuscripts might have been acquainted with the *Chanson de Guillaume* in which Guillaume severs Desramé's thigh, kills his horse and unsaddles him. In neither A^3 nor A^4 does Guibor attack her father and, in the beginning, the duel takes place solely between Guillaume and Desramé. Only later when they agree with *D* does Guibor intervene and strike her father. Although A^3 and A^4 have so much in common that they probably derive from a common source, A^4 is incomplete at the end, after v.4149 and A^3 contains a long passage before v.4178 which is peculiar to it. A^3 alone confirms a statement made by *D*, v.4197, namely that Renoart actually witnessed Desramé's death.

B^1 and B^2 have much in common with each other and contain passages lacking in other mss. *B* like *A* omit the Bertran, Clamor and Renoart incident. Both *B* mss. omit the Salt Malatois laisse. *B* and *E* are the only three texts of *Bataille Loquifer* to mention Picolet's conversion and his future actions (v.3040). *D* does not contain this data. And, apart from *D*, *BE* are the only mss. to contain information about the author of the epic. The person to whom the theft of Jendeus de Brie's manuscript is ascribed is not named but merely referred to as a "frans hons" (vv.3040-3054).

After *D*, *E* is the most complete XIIIth Century ms. It consists of 62 doubled-columned folios of thirty-five lines each, ninety-four laisses totalling 4257 lines. *E* is the only text of *Bataille Loquifer* which contains allusions to epics outside the Cycle de Guillaume. For instance, there are additional lines after v.1573 of *D* likening Loquifer's ointment to that of Fierabras. In an interpolation after Laisse XLVIII there are allusions to Basin, Maugis and Charlemagne.

E together with *B* corroborates *D*'s account of Desramé's death at Guillaume's hands, but it too omits the Salt Malatois laisse.

E aften agrees with *B* against the other manuscripts. *EB* do not start a new laisse at v.3600. *B*, *E* and *F* have an extra laisse in $-ir$ before v.3600.

A peculiarity of *E* is that it sometimes agrees with *Ars./C* against *ABDF*, for instance v.193 of *D* − *Ars./C* v.182, or v.2716 of *D* − *Ars./C* v.2665 where a passage in both *Ars./C* and *E* alludes to Morgue having given Desramé a horse, and v.2790 of *D* − *Ars./C* v.2749, and so on.

Occasionally *E* diverges from *D*. *E* has additional laisses which are peculiar to this manuscript alone: a laisse in $-ir$ preceding v.190 of *D*, additional lines as well as a laisse in $-i$ after v.262. After v.660, *E* not only differs from *D* but contains two additional laisses,

CHOICE OF THE BASE TEXT

laisses XI*a* and XI*b* (See Appendix C). All the additional laisses will be given in appendices.

Establishment of the Text:

Gaps and omissions by the scribe of *D* can be filled by *ABEF* and appendices will be given wherever the variants agree against *D*.

The following lines are peculiar to *D* alone:
2 99 178 649 890-5 923 1067 1744 1815 1944 2024 2300 2344 2367 2651-3 2779-80.

The following lines are faulty and have been emended in this edition:
52 53 120 188 216 239 241 270 279 286 326 329 392 441 484 490 513 567 627 634 673 674 675 753 855 879 891 894 917 932 953 1034 1076 1169 1198 1290 1294 1317 1319 1348 1359 1374 1388 1402 1425 1482 1499 1507 1566 1579 1620 1629 1701 1780 1816 1885 2011 2012 2026 2085 2128 2175 2211 2215 2224 2281 2308 2311 2314 2457 2561 2565 2630 2642 2653 2673 2915 3013 3033 3048 3175 3206 3368 3414 3540 3566 3575 3591 3792 3856 3906 3944 3995 4002 4028 4033 4088 4144

The following lines are faulty but have not been emended in this edition:
17 361 605 663 1292 2430 2680 2894 2910 3057 3330 3369.

 v.17: the reading of *AF* is preferable.

 v.239: *reçoivre* may be a scribal error for richesce as it makes the line hypermetric.

 v.252: "cant tuit sont ens sel mistrendaier" is not clear. The variants offer a better reading but do not help to correct the line. This may be a possible scribal error for "mistrent en daier".

 v.361: ms. expunges *e*.

 v.395: the extra line of the variants is necessary for the sense.

 v.448: the abbreviation used in the manuscript is not clear.

 v.605: the syllabification is wrong.

v.810: *asaurt* must be a scribal error. Variants have *escu* or *escus*.

v.1296: the line does not make sense without the addition of 1296a which may have been omitted in error.

v.1506: "puis l'armerai d'un sol n'i suis choisis". The meaning is not clear.

v.1852: "de mente cop ai .V. homes tüés": "menor" of the variants is preferable.

v.1900: we can assume that the laisses in —*ir* has dropped out because as it stands we have two laisses in —*é* following one another.

v.2205: "et tos les autres l'ont san destorné": the meaning is not clear.

v.2214: the reading of the variants seems better than that of *D*.

v.2308: "l'oignement prist si s'an est çains li fous". Variants have *oin* for *çains*, and *E* has "*les os*". *Fous* is probably *fel+s*.

v.2680-1: these lines found nowhere else appear corrupt and unnecessary as the taking of Maillefer is told to Renoart in vv.2686-7.

v.2910: needs the additional lines of the variants to clarify *l'as en chierté*.

v.3368: *D* has *foïdie: boisdie* of the variants is probably correct.

v.3369: *sa terre* of *AB* is probably correct and the "*ta terre*" of *D* is nonsensical.

v.3413: the reading of *BE* "*a tout*" is preferable.

v.3540: *Malt Malatois* of *D* is probably a rubricator's error for *Salt*.

v.3687: ms. has first *e* written over *r* —.

v.3694: the second hemistich is a dittography of that of the previous verse.

CHOICE OF THE BASE TEXT

v.3819: ms. has "li rois Artus por cest se met Cha. a bandon". Li rois Artus is expunged in the ms. Cf. *A*'s: "li rois Artus por cestui achoison".

v.1485 is repeated two lines further on and this repetition has been deleted.

v.1486 is incorrect in all the texts.

v.3982 is repeated and this repetition has been omitted.

See Appendix D for passage in *ABEF* after v.856 lacking in *D*, Appendix E for laisses XXIa and XXIb found in all mss. with the exception of *D*, Appendix G for laisse XXXIIIa of *BEF*, Appendix H for lines with which *ABEF* conclude laisse XXXVI of *D* before v.1992 and passage in *ABEF* before v.2008 lacking in *D*, Appendix I for lines in *ABEF* before v.2362 of *D*, Appendix K for passage in *ABE* following v.2593 of *D*, Appendix L for passage in *ABE* after v.2665 of *D*, Appendix O for passage in B^1 after v.3488 and before v.3491 of *D*.

New laisses in *D* have been shown wherever the scribe or author of *D* has indicated this by a large capital. This does not always agree with the variants which often do not begin a new laisse where *D* does, for instance v.3262 or v.3600. Both laisse XXXIII and XXXIV are in *–é* whereas in the variants XXXIII is followed by a laisse in *–ir*.

v.3262: the new laisse in *–é* is only scribal.

v.3600: the new laisse is merely scribal as there is no change of rhyme.

v.4054: the new laisse in *–é* is probably scribal as there is no change of rhyme.

An obvious gap after v.2555 has been filled after *E* and likewise after v.2553 after *A*.

Abbreviations:

The scribe of *D* uses the following abbreviations:

1. A stroke through *p* usually means *par* and not *per*, except in final position.
2. Con plus m, n, p, has been transcribed *con* throughout.
3. A stroke over *a* or *e* denotes *m* or *n*.
4. The scribe often uses graphies of the type l la il l.

Renoart's name is usually abbreviated *R.*, sometimes *Reno.* Desramé's name is usually written in full and, when abbreviated, as *Desr.*, except in v.2732 where it is *Der.* Guillaume is designated by *G.*, *Gui.*, or *Guil.* These names have been expanded in this edition, as have such words as *paien, cheval, chevalier.*

Additions or alterations are indicated by square brackets and omissions by round brackets.

FILIATION OF MANUSCRIPTS

It is virtually impossible to filiate the manuscripts of *Bataille Loquifer* as their relationship to one another is complex indeed.

The following points should be borne in mind:

1. Ars./C form a group on their own for reasons mentioned on p.2.

2. *E* is often close to Ars./C, sometimes agreeing with one text, sometimes with both.

3. Some relationship between *F* and *E* and between *F* and Ars./C might repay further investigation.

4. $A^2 A^3 A^4$ are close to each other and form a Family *A*.

5. B^1 and B^2 are close to each other. They probably derive from a common source and not from one another and form a Family *B*.

6. *D* stands alone.

The following filiation is suggested for *Bataille Loquifer*:

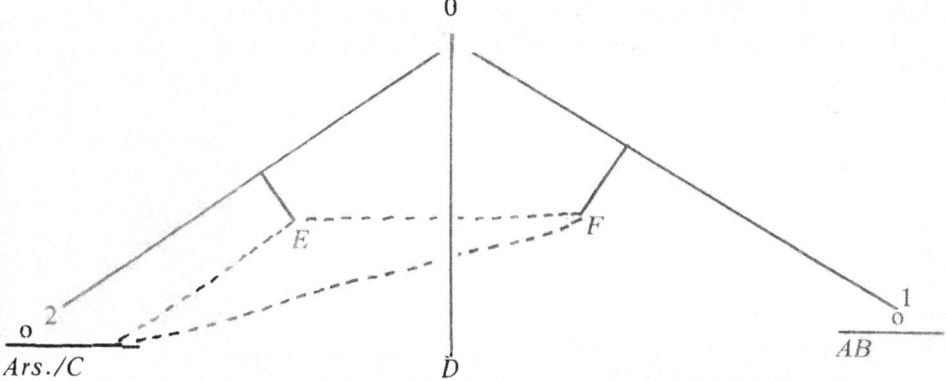

To date no line for line comparison of the *Arsenal/C* version with *D* or any manuscript of this group has been undertaken. Such a study would, doubtless, prove rewarding and will shortly be undertaken.

For the filiation of *Bataille Loquifer* see also Mlle M. Tyssens (*La Geste de Guilliaume d'Orange dans les Manuscrits Cycliques*, Paris 1967, p.268).

VERSIFICATION

FEMININE RHYMES

AGE	VII	
	LXXX	
AINE	LXXXVII	
EE	V	
	XLI	
	LI	
	LX	
	LXX	
	LXXVI	
	XCII	
IE	XII	
	XVIII	
	XLVII	
	LVII	
IE (cont.)	LXVI	
	LXXVII	
IERE	XXXIX	
UE	XX	
	XXXVI	
	XLIII	

MASCULINE RHYMES

			É (cont.)		ER (cont.)	
A	XXIV			XLVIII		LXXXVIII
	LIX			LVI		XCIII
	LXVII			LXIII		
	LXXXI			LXIV	ÉS	II
				LXXXIII		XI
ANT	XV			LXXXIX		XIII
	LXXIII					XXI
			ENT	XXXVII		XXIII
AS	L			LXIX		XXXIII
						XXXVIII
É	III		ER	IX		LIV
	VI			XIX		LXXXV
	VIII			XXII		XC
	XVII			XXXI		
	XXV			XLIX	I	XXXII
	XXVIII			LVIII		LXII
	XXXIV			LXVIII		LXXIV
	XL			LXXXVI		
	XLVI					

MASCULINE RHYMES

IÉ	ON	OR	OS/OUS/EUS	U	IER	IS
XLIV	LXV	LXI	XLII	XXIX	IV	I
LV	LXXV			XLV	XVI	XIV
	LXXVIII			LXXIX	XXVI	XXVII
	LXXXII				XXX	LIII
	LXXXIV				XXXV	LXXI
					LII	LXXII
						XCI
						XCIV

CONCORDANCE OF LAISSES

As the Concordance of Laisses incorporates a narrative of events, the customary synopsis has been omitted. The description must, of necessity, be a succinct one.

Narrative of D	D	AB	E	F	$Ars.$
Clarïon attempts to lure Renoart aboard Ysabras' ship.	I (on)	I (on)	I (on)	I (on)	I (on)
Ysabras and Clarïon agree on method of capturing Renoart.	II (és)	II (és)	II (és) IIa (ir)	II(és)	II (és)
Portrait of Ysabras.	III (é)	III (é)	III (é)	III (é)	III (é)
Renoart is lured on board ship: he kills Ysabras, then fights Clarïon's men.	IV (ier)	IV (ier)	IV (ier) IV a (i)	IV (ier)	IV (ier)
Clarïon plots their setting out to sea unbeknown to Renoart.	V (ee)	V (ee)	V (ee)	V (ee)	V (GAP)

Narrative of D	D	AB	E	F	Ars.
Renoart attacks Clarion's men.	VI (é)	VI (é)	VI (é)	VI (é)	VI (G A P)
Clarion holds council of war to decide on their future actions.	VII (age)	VII (age)	VII (age) VIIa (ent)	VII (age)	VII (G A P)
Renoart allows himself to be duped.	VIII(é)	VIII(é)	VIII(é)	VIII(é)	VIII (G A P)
While Renoart sleeps, the Saracens try to abduct Aëlis. An angel appears to rouse Renoart.	IX(er)	IX(er)	IX(er)	IX(er)	IX (G A P)
Renoart rescues Aëlis, kills Saracens, sights the Marquis de Monferrent's ship.	X (is)	X (is)	X (is) Xa (u) Xb (ance)	X (is)	X (is)

LA BATAILLE LOQUIFER

Narrative of D	D	AB	E	F	Ars.
Renoart makes himself known to the French, sends Clarïon to Desramé, then sails for Porpaillart. Death of Aelis.	XI (és)	XI (és)	XI (és) XIa (ine) XIb (iés)	XI (és)	XI (és)
Clarïon and his wounded men reach Desramé.	XII (ie)	XII (ie)	XII (ie)	XII (ie)	XII (ie)
Desramé questions Clarïon who answers him.	XIII (és)	XIII (és)	XIII (és)	XIII (és)	XIII (és)
Gaufier tenders his advice on future action.	XIV (is)	XIV (is)	XIV (is)	XIV (is)	XIV (is)
Farther speeches; flight is advised.	XV (ant/ent)	XV (ant)	XV (ant)	XV (ant)	XV (ant)
Desramé is advised to seek Loquifer's help. Picolet announces Loquifer's arrival.	XVI (ier)	XVI (ier)	XVI (ier)	XVI (ier)	XVI (ier)

18   LA BATAILLE LOQUIFER

Narrative of D	D	AB	E	F	Ars.
Loquifer arrives and is given the gauntlet.	XVII(é)	XVII(é)	XVII(é)	XVII(é)	XVII(é)
Desramé's fleet sails and is becalmed not far from Porpaillart.	XVIII(ie)	XVIII(ie)	XVIII(ie)	XVIII(ie)	XVIII(ie)
A fearful Guillaume bemoans Renoart's apathy but the latter declares his willingness to fight.	XIX (er)	XIX(er)	XIX(és)	XIX(er)	XIX(er)
Renoart decides to fight with a tinel. Arrival of Picolet.	XX (ue)	XX (ue)	XX(ue)	XX(ue)	XX(ue)
Picolet challenges Guillaume, dictates Desramé's terms. Battle arranged for Wednesday.	XXI(és)	XXI(és)	XXI(és)	XXI(és)	XXI(és)
	GAP	XXIa(erne)	XXIa(erne)	XXIa(erne)	XXIa(erne)
	GAP	XXIb(ire)	XXIb(ire)	XXIb(ire)	XXIb(ire)
Loquifer demands to be Desramé's champion. Final terms agreed.	XXII(er)	XXII(er)	XXII(er)	XXII(er)	XXII(er)

Narrative of D	D	AB	E	F	Ars.
Renoart is informed of terms of battle.	XXIII(és)	XXIII(és)	XXIII(és)	XXIII(és)	XXIII(és)
			XXIIIa (ort)		
Renoart is armed but refuses to sail for island.	XXIV(a)	XXIV(a)	XXIV(a)	XXIV(a)	Ars./C XXIV(a)
Loquifer is armed and sails for island.	XXV(é)	XXV(é)	XXV(é)	XXV(é)	XXV(é)
Renoart sails and challenges Loquifer.	XXVI(ier)	XXVI(ier)	XXVI(ier)	XXVI(ier)	XXVI(ier)
Loquifer taunts Renoart.	XXVII(is)	XXVII(is)	XXVII(is)	XXVII(is)	XXVII(is)
Renoart helps Loquifer arm: they fight.	XXVIII(é)	XXVIII(é)	XXVIII(é)	XXVIII(é)	XXVIII(é)
The battle continues.	XXIX(u)	XXIX(u)	XXIX(u)	XXIX(u)	XXIX(u)

Narrative of D	D	AB	E	F	Ars./C
The battle.	XXX(ier)	XXX(ier)	XXX(ier)	XXX(ier)	XXX(ier)
			XXXa(oie)		
			XXXb(ent)		
Loquifer heals the wounded Renoart with his magic ointment.	XXXI(er)	XXXI(er)	XXXI(er)	XXXI(er)	XXXI(er)
Loquifer cures his own wounds.	XXXII(i)	XXXII(i)	XXXII(i)	XXXII(i)	XXXII(i)
Battle continues.	XXXIII(és)	XXXIII(és) B^{1}B^2 XXXIIIa(ir)	XXXIII(és) XXXIIIa(ir)	XXXIII(és) XXXIIIa(ir)	XXXIII(és) XXXIIIa(ir)
The battle.	XXXIV(é)	XXXIV(é)	XXXIV(é)	XXXIV(é)	XXXIV(é)
Renoart gains possession of Loquifer's club or 'loque'	XXXV(ier)	XXXV(ier)	XXXV(ier)	XXXV(ier)	XXXV(ier)
Seeing the Saracens closing in on them, Renoart accuses Loquifer of treachery.	XXXVI(ue)	XXXVI(ue)	XXXVI(ue)	XXXVI(ue)	XXXVI(ue)

Narrative of D	D	AB	E	F	Ars./C
An outraged Loquifer routs Renoart's assailants.	XXXVII(ent)	XXXVII(ent)	XXXVII(ent)	XXXVII(ent)	XXXVII(ent)
An overnight truce is arranged between them.	XXXVIII(és)	XXXVIII(és)	XXXVIII(és)	XXXVIII(és)	XXXVIII(és)
Desramé threatens to kill Guibor.	XXXIX(iere)	XXXIX(iere)	XXXIX(iere)	XXXIX(iere)	XXXIX(iere)
Renoart threatens retaliation: he returns to island with Loquifer	XL(é)	XL(é)	XL(é)	XL(é)	XL(é)
Resumption of duel	XLI(ee)	XLI(ee)	XLI(ee)	XLI(ee)	XLI(ee)
An angel promises Renoart victory.	XLII(ous)	XLII(ous)	XLII(ous)	XLII(ous)	XLII(ous)
Renoart captures the loque.	XLIII(ue)	XLIII(ue)	XLIII(ue)	XLIII(ue))	XLIII(ue)
The duel	XLIV(ié)	XLIV(ié)	XLIV(ié)	XLIV(ié)	XLIV(ié)

Narrative of D	D	AB	E	F	Ars./C
Renoart captures Loquifer's three swords.	XLV(u)	XLV(u)	XLV(u)	XLV(u)	XLV(u)
Renoart kills Loquifer.	XLVI(é)	XLVI(é)	XLVI(é)	XLVI(é)	XLVI(é)
Guillaume comes in aid of beleaguered Renoart.	XLVII(ie)	XLVII(ie)	XLVII(ie)	XLVII(ie) (end of ms.)	XLVII(ie)
Picolet is sent to abduct Renoart's son Maillefer.	XLVIII(é)	XLVIII(é)	XLVIII(age) XLVIIIa(ise) XLVIIIb(ole) XLVIIIc(ant) XLVIIId(us) XLVIIIe(é) XLVIIIf(ier) XLVIIIg(é)		XLIIIX(é)
Tibaut attacks Guibor.	XLIX(er)	XLIX(er)	XLIX(er) XLIXa(er)		XLIX(er)
Arrival of Desramé	L(as)	L(as)	L(aus)		L(aus)

Narrative of D	D	AB	E	Ars./C
Saracens camp near Orenge w. Guibor as their prisoner. Renoart is told of his son's abduction.	LI(ee)	LI(ee)	LI(ee)	LI(ee)
Guillaume challenges Desramé and kills his horse.	LII(ier)	LII(ier)	LII(ier)	LII(ier)
Guibor helps Guillaume fight Desramé.	LIII(is)	*A* omit LIII(is)	LIII(is)	LIII(is)
Battles continues.	LIV(és)	*A* omit LIV(és)	LIV(és)	LIV(és)
Renoart and Bertran seach for Guillaume.	LV(ié)	*A* omits	LV(ié)	LV(ié)
Desramé asks Renoart to intervene and reconcile him with Guillaume.	LVI(é)	*A* omits	LVI(é)	LVI(é)
Renoart acts as mediator.	LVII(ie)	*A* omits	LVII(ie)	LVII(ie)

Narrative of D	D	AB	E	Ars./C
Theological exhortations.	LVIII(er)	A omits	LVIII(er)	LVIII(er)
Battle interrupted by 'boniment' about Jendeus de Brie.	LIX(a)	A omits	LIX(a)	LIX(a)
Duel continues.	LX(ee)	LX(ee)	from v.3179 interpolation replacing LXII	LX(ee)
Renoart stops duel.	LXI(or)	LXI(or)	—	—
Conversation.	LXII(i)	LXII(i)	LXII(i)	LXII(i)
Terms for resumption of battle.	LXIII(é)	A omits	LXIII(é)	LXIII(é)
Saracens under Tibaut decide to sail for home.	LXIV(é)	A omits; B amalgamates these 2 laisses	No new laisse	LXIV(é)

Narrative of D	D	AB	E	Ars./C
Guillaume and Desramé are left alone.	LXV(on)	LXV(on)	Omits	Omit
Duel is resumed.	LXVI(ie)	LXVI(ie)	LXVI(ie)	LXVI(ie)
Guillaume cuts off Desramé's head and takes it to show Renoart.	LXVII(a)	LXVII(a)	LXVII(a)	
Renoart decides to go in search of Maillefer. He throws Desramé's head into the Salt Malatois.	LXVIII(er)	LXVIII(a)	Omits	*Ars./C* different narrative from Laisse LXVII until Laisse LXXXVIII
Desramé's head gives rise to storms at sea.	LXIX(ent)	*B* omit LXIX(ent)	—	
Porpaillart is rebuilt. Renoart leaves in search of Maillefer.	LXX(ee)	LXX(ee)	—	
Guillaume laments his departure.	LXXI(is)	LXXI(is)	LXXI(is)	

Narrative of D	D	AB	E	Ars./C
Three fairies see Renoart sleeping on the seashore.	LXXII(is)	LXII(is)	LXXI(is)	
Fairies carry the sleeping Renoart to Avalon.	LXXIII(ant)	LXXIII(ant)	END	
Spell cast on Renoart by one of the fairies.	LXXIV(i)	LXXIV(i)		
Arthur and his court.	LXXV(on)	LXXV(on)		
The city of Avalon.	LXXVI(ee)	LXXVI(ee)		
Renoart awakes.	LXXVII(is)	LXXVII(ie)		
Renoart is to fight Chapalu.	LXXVIII(on)	LXXVIII(on)		
Description of Chapalu.	LXXIX(u)	LXXIX(u)		
Renoart is afraid of his adversary.	LXXX(age)	LXXX(age)		

Narrative of D	D	AB	Ars./C
Renoart fights Chapalu.	LXXXI(a)	LXXXI(a)	
Chapalu's background.	LXXXII(on)	LXXXII(on)	
Chapalu is metamorphosed, Renoart is feted and meets Morgue la Fée.	LXXXIII(é)	LXXXIII(é)	
Renoart sires Corbon.	LXXXIV(on)	LXXXIV(on)	
Renoart spends 14 days in Avalon. Morgue tells Renoart about their son Corbon.	LXXXV(es)	LXXXV(on)	
Morgue orders Chapalu to shipwreck Renoart when he leaves Avalon.	LXXXVI(er)	LXXXVI(er)	
Renoart sees a siren and captures her.	LXXXVII(aine)	LXXXVII(aine)	

Narrative of D	D	AB	Ars./C
Renoart releases the siren on condition she helps him if need be.	LXXXVIII(er)	LXXXVIII(er)	(LXXVII Runeberg) LXXXVIII(er)
Tibaut orders Maillefer to be put to death.	LXXXIX(é)	LXXXIX(é)	(LXXVIII Runeberg) LXXXIX(é)
Maillefer is saved by Picolet who carries him off to Montnuble.	XC(és)	XC(és)	(LXXIX Runeberg) XC(és)
Tibaut is informed of Maillefer's rescue.	XCI(is)	XCI(is)	(LXXX Runeberg) XCI(is)
Renoart is shipwrecked.	XCII(ee)	XCII(ee)	different narrative to end
Renoart is rescued by sirens.	XCIII(er)	XCIII(er)	
Renoart awakens on the sea shore.	XCIV(is)	XCIV(is)	

This has been thoroughly covered by Cloetta, P. A. Becker, Mlle. M. Tyssens and others to whom the reader is referred for a full treatment of the following suggestions.

Both *Bataille Loquifer* and *Moniage Renoart* contain biographical data about the self-styled authors of the respective epics. These particulars are contained in mss. *B, E* and *D* for the former and in *A* and *F* for the latter.

BED interrupt the narrative of the duel between Desramé and Guillaume with a statement that the epic is an old one written by a Jendeus (*D*), Graindor (*E*), or Gaudours (*B*) de Brie.

The texts of *D, E* and *B* differ slightly from one another. *D* states that Jendeus composed his epic in Sicily (vv.3041-5) and that he left it to his son who was deprived of his inheritance by a "cuens G." (v.3046). *E* supplies additional information; where *D* says "ceste chanson est faite grant piece a" (v.3039), *E* adds: ".C. et .L. ans a" and more interesting still, the manuscript is alleged to have been stolen not by a "cuens G." but by "li rois Guill.". In this manuscript also, the self-styled author states that he lived in Sicily. Both *B* manuscripts omit: "ans a nul home ne l'aprist n'ensaigna" (v.3043 of *D*) which *E* also contains. In *B* the thief is merely described as a "frans hons" and is not named.

Graindor or Grandor is a less unusual name than Gaudours or Jendeus and Gaudours may be a corruption of Grandors. Whatever the spelling of his name, all four texts agree that he came from Brie.

The identity of "li cuens" or "li rois Guill." gave rise to a controversy between Cloetta and P. A. Becker. On the evidence of *E*, Cloetta deduced that the person in question was none other than William II of Sicily who reigned from 1166 to 1189. This tied in with his assumption that *Bataille Loquifer* was composed around 1170 (*Moniage Guillaume*, S.A.T.F., Paris 1906-11, vol. 2 p. 217). Becker who initially disagreed with this view, subsequently reached the same conclusions (Z.R.P., XXIX, 1905, p. 744 and *Romanische Forschungen* vol.60, 1947-8, p.63). Both Cloetta and Becker had based their theories on *E*, which is the only text to mention a "rois Guill.". Neither mentions *D* with its title of "cuens", a title which could well be applied to the de Hauteville dynasty in Sicily. *E* dates from approximately 1250 and, if we accept at its face value the ".C. et .L. ans a" of this text, this brings the date of composition of the original *Bataille Loquifer* to circa 1120 to 1150, that is to say to the beginning of the Norman domination of Sicily or to the reign of William I of Sicily (1154-1166) rather than to that of William II (1166-1189).

Two other possibilities of authorship should also be envisaged. The first is that "li rois" might well be a title assumed by a jongleur. In this case, however, the title usually followed the name of the jongleur rather than preceded it. Huon le Roi, Adenet le Roi and Herbert le Duc appear to be the only medieval French writers to use such a style. This suggests that "li rois" in *Bataille Loquifer* applies to a king rather than to a king of minstrels, which is borne out by the reading of the variants. The second is that Guillaume is not a "rois" or a "cuens", but none other than Guillaume de Bapaume who claims to have written *Moniage Renoart*. Cloetta says: "....und es liegt daher nahe, beide Notizen die ja auch in einem gewissen Zusammenhang stehen, Wilhelm von Bapaume zuzuschreiben". *Festgabe Mussafia*, p.266).

The Herculean Renoart and his exploits may well have a historical basis and have been drawn from the de Hauteville annals. While postulating Sicily as a possible place of composition, however, the time has come to suggest that Provence, with its romanesque art depicting such themes as sirens and the figure of Hercules, with its historical battles against the Saracens, might well hold the clue to Renoart and his associations with Guillaume d'Orange. The name of Rainoardus/Raynoardus occurs frequently in medieval Provencal chronicles. The most interesting holder of the name is mentioned in the *Cartulaire d'Apt* (N. Didier, H. Dubled & J. Barruol, Paris 1967). Raynald I or Rainoard, who died in approximately 960, is an uncle of Saint Mayeul, on his father's side. So far little is known about this historical character but a closer study of Provençal history, of Provençal genealogies and in particular of unpublished charters could yield clues to Renoart's and Guillaume's historical prototypes going back to the times of Charlemagne.

Geographically too *Bataille Loquifer* has associations with Provence. Porpaillart, Renoart's "fief", is probably Lattes, the port for Montpellier in the Middle Ages (M. J. Barnett, 'Porpaillart in the Cycle de Guillaume d'Orange', *Modern Language Review*, 1956, pp. 507-511, and *Modern Language Review*, Oct. 1971, pp. 722-4), and the "Salerne" mentioned by some variants of *Bataille Loquifer* the Salernes in Provence.

Why someone from Brie, be he Jendeus de Brie or Guillaume de Bapaume should record events culled from Provence is a problem for further investigation. No definite date can be stated. *Bataille Loquifer* must be later than *Aliscans* and stem from the end of the XIIth century at the earliest, even if it was inspired by events which took place at an earlier date, be they Provencal or Norman Sicilian.

Any serious study of these epics is frustrating, a pattern of interlocking clues that vanish before they reach certainty. There are no certain sources, few fixed dates and no proved locations. The student of these epics can only suggest what to him seems the likeliest road to follow and hope that one day some fellow-student will travel that road to its end.

I

Fo. 272 a

Seignor, oés mervaillose chançon,
mioldre ne fut des lou tens Salemon,
ne jai plus fiere ne vos dira nus hom.
Renoars fut sor mer ens el sablon,
ensanble o lui estoient si baron. 5
Il regarda devers Cafarnaon,
par haute mer voit venir .I. dromont
que Desramés i envoioit par non
pour Renoart faire metre en prison
dedens Baldaire a grant chativoisson, 10
an celle chartre qui est laide et parfont;
au chief do monde siet en la batisson,
n'a point de terre en avent, se dit on.
El dromont furent .XXX.M. Esclavon
de la maisnie Ysabras lou felon 15
cui Renoars brisait tot lou menton
cant Clarïas li dist au baron
en l'aïment ou il iert en prison;
de la l'osterent, qui c'an poist ne qui non.
Renoars tint en sa main .I. baston, 20
dist as ses homes, "Ens celle mer enson
une neif voi venir an cel dromont:
je cuit qu'il moignent molt riche garisson,
or vos soffrés et si les atandons."

Fo. 272 b

Et cil respondent, "Vostre conment ferons; 25
mais se sachiés que forment nos dotons
que ce ne soient paien ne Esclavon,
car une esclave nos dist en son dromont
que Desramés estoit a Baranton
a si grant gent, ans telle ne vit on." 30
Dist Renoars, "Ne donroie .I. bouton."
Que qu'il devisent illoques lor raisson
ont Sarrasin arrivé lor dromont.
.XXX. bastex misent fors a bandon,
et en chascune furent .M. conpaignon; 35
chascons avoit clavain et ganbisson
et bone espee a senestre giron,
flael d'acier ou maçue de plon.
Renoars vient, il et si conpaignon;

an sa main tint d'une lance .I. tronson, 40
vint as paiens, ses a mis a raisson.
Dist Renoars, "Dont vienent cil baron?
Cui est l'avoir? Savoir en voil lou non?
Et la richesce lou treü envolons.
Premierement respondi Clarïons, 45
"Sire," dist il, nos somes conpaignon,
marcheant somes, molt grant avoir menon,
tires et p(l)ailes et maint bons ciglaton;
or et argent a grant planté avons,
habers et hiames et escus a lïon, 50
et brans d'acier a grant planté avons;
s'oret avons deça Rome en iron,
et [plus] avent ancor se nos poons
et nostre avoir por autre eschangerons;
lou remanant a denier venderons, 55
hastivement nos en repairerons.
De cest mestier en nos païs vivons."
Dist Renoars, "Lou treü demendons."
"Vos l'avrés, sire," ce respont Clarïons;
"dites, bia sire, conment avés vos non?" 60
"Renoars frere, ansin m'apelle l'on".
Li paiens l'ot, si fronche lou grenon:
i le regarde, son cors et sa façon,
plus lou redote que tigre ne lïon;
ne l'ose prenre, tant dote lo baston. 65
I li ont dit par mortel traïsson:
FOLIO 272 C "Renoars, sire, venés an cest dromont;
ensanble o vos vignent vos conpaignon;
lou treüsage largement vos donrons,
del tout en tot vostre plaisir ferons. 70
Por salf conduit avrés si riche don,
car nostre maistres a ancor tel falcon
qui prent lou lievre, la grue et lou hairon;
par amistiet lou vos presanterons".
Dist Renoars, "Bien lou deservirons; 75
ancontre ceu rendrons lou guerredon".
Dist Clarïons: "Dit avés grant raisson.
Renoars, sire, ancor vos requerons

52, ms. "environ", emended after *E* —
53, ms. omits "plus", emended after *B* —

se vos tinels est remeis en maisson;
par tout lou sicle, sire, lou doutoit l'on". 80
Dist Renoars, "Ja nel vos celerons;
il est brisiés, mentir ne vos devons;
en Aleschans en remest .I. tronson
et l'autres est a Orenge el donjon:
jamais el sicle n'avra si bon baston". 85
Clarïons l'ot, si dreçait lou menton;
ne fust si liés por l'or de Pré Noiron!
"Renoars, frere", dist li rois Clarïon,
"vos en irés et nos si remenrons;
pour vos moillier irés en cel donjon, 90
de que venrés ne nos remueron;
hastés vos, sire, si vos atenderon,
puis en irons ensanble en nos dromons".
Dist Renoars, "Nos lou vos otrions".
Las, ne seit mie la mortel traïsson! 95
Se cil n'en panse qui soffri passïon
ancui avra Renoart tel prison,
dont se dolra au cuer et a polmon;
Deus lou defande de mort et de prison!
Li bers s'an torne brochant a esperon, 100
ansanble o lui si chevalier baron,
et Sarrasin repairent a dromont.

II

A lors dromons sont paien restorné;
Clarïons s'est haltement escrïés:
"Ysabras, sire, or soiés aprestés, 105
et Sarrasin canque vos en avés!
Trové avons iceu que vos querés:
c'est Renoars qui tant est forsanés,
FOLIO 272 D et si avons a lui parlé assés;
li trëusages nos est bien demendés. 110
Je li ai tant de mes dis acontés,
or et argent et pailes presantés,
tant li ai dit que tos est enchantés.
Par grant amor est de nos desevrés,
en son palais est por sa feme alés; 115
seans venra veoir nos erités;

or i parra conment vos lo ferés.
Tuit somes mort se vos ne vos gardés,
car si fors hons ne fut de mere nés;
or l'oï dire [por] voir qu'il est faeez; 120
a grant mervaille doit estre redoutés,
a son tinel a .M. paiens tüés".
Dist Ysabras : "Ja mar en douterés,
car s'il i vient ne puet estre eschapés
que il ne soit pris et enchaenés; 125
si lou rendrons son pere Desramé,
apres sera en Aiëte menés,
en Tor Baldaire en la chartre jetés,
et de sa feme ferons nos volantés.
Et si me dites se il venra armés; 130
et ses tinés ja fut il trosonés
en Aleschans et brisiés et quassés,
cant Aucibers en fut escervelés
et ses chevas desos lui afrontés;
molt me mervail se il est asotés 135
mien escïent, qu'il est por lui alés.
Par Mahomet a cui je suis donés,
sos ciel n'a home, diable ne malfé
que ge tant dout conme son fust quarré.
Il m'en dona ja .IIII. cos itels 140
sos l'aïment ou il estoit alés,
por poi ne fui en la mer esfrondrés,
mais par Mahon fui garis et tensés.
Ce n'est mie hons, ans est .I. vis mafés.
A son tinel a .M. Turs afrontés. 145
S'il ne l'aporte, dont est il enginiés;
je nel pris mie .II. deniers monaés,
ja ne sera par autre arme tensés".
Dist Clarïons : "Ja mar en palerés,
il ne va mie ensin estrumelés, 150
n'est pas desous, n'ait mais dras enfumés;
ans est vestus ensin con amirés.
Chevaliers est molt fors et adurés;
de fut n'a cure, fors de brans acerés,
de blans haubers, de vers hiames gemés 155
et de grans lances et d'espiés noielés,

---
120 *ms.* : pou

de bons destriers corans et abrivés;
conme François est molt bien conraés,
n'ait tel baron desi en Balesgués.
Il n'ot tinel .XII. mois a passés". 160
Dist Ysabras, "Or ai mes volantés!
Hé, Mahon, sire, tu soies aorés;
cant n'a tinel, tos suis asseürés.
Or tost, baron, si vos desaancrés,
pres de la terre cest dromont arrivés, 165
et ces grans voiles enson ces mas levés,
et ses pantreres, ces avirons levés,
conmunement ces habers endossés!
Cant il sera ceans enprisonés,
tost serons outre, car bons est li orés! 170
que ne lou sache Guillelmes au cor néis;
tost nos suivroit a barges et a nés,
ansanble o lui tos ses riches barnés.
Se Renoars en puet estre amonés,
ancor ravrons Orenges sa cité, 175
et sa moillier rois Tiebalz li Esclers,
la belle Orable de cui il est iriés;
si est ses peres li fors rois Desramés".
D'ient paien, "Si soit con dit avés".
Lor ancre traient, li flos les a guiés; 180
pres de la terre é les vos arivés,
puis ont lor sigle et lor voiles levés,
lors brans d'acier ont çains a lors costés,
puis fut li pons a la terre jetés.
Or ait Jhesu de Renoart pités, 185
car, s'il n'en panse, c'est fine verités,
ancui sera a martire livrés,
et sa moillier dont plus sera [irés]
et tuit si home avront lo chief copé.

III

Quant paien orent lou dromont arivé, 190
inellement se corurent armer;
chascons a tost lou clavain andossé.
FOLIO 273 B Ysabras fut de molt grant cruialté;

188 *ms.*: assés: emended after *ABEF* —

plus de .XXX. ans avoit noitons esté.
Fees li orent au nestre destiné; 195
plus a d'un an que son tens a finé.
En autre forme l'orent li deu moné,
diversement l'avoient figuré:
demeie lance ot de lonc en esté,
lou neis avoit el haterel torné 200
et l'un des iolz en mi lo front versé,
l'autre daier ardant et enbrassé;
de ses orailles vos dirai verité,
tres bien tenoient .I. grant sestier de blé.
Cant voit venir tenpeste ne oré, 205
molt tost en a son chief acoveté,
puis ne doute arme .I. denier monaé.
L'autre devent con escut a torné,
devent son vis pent oultre son baldré,
puis ne crient home ne quarel enpané, 210
ne brant d'acier ne espiet noielet.
Grose ot la teste et lou poil hurepé,
corbe l'eschine et lou ventrë enflet,
groses les janbes, s'ot lou cul ancoé
d'un coetis antor recercelet; 215
[Andos] les piés le furent bestorné.
Tant par iert noirs, bien resanble malfé.
.I. grant levier(t) tint en son poing quarré,
tos iert de fer costus et costelés:
sos ciel n'a home, s'il en estoit frapés, 220
qu'il ne l'eüst a .I. cop afronté.
Se or n'en panse li Rois de Majestés,
ancui sera tos Renoars irés,
et sa moillier a gent cors honoré,
et ses barons seront tuit demenbré. 225

IV

Or fut la barge sor mer ens el gravier;
paien i furent plus de .XXX. millier.
Renoars vient qui ne se sot guaitier,
ensanble o lui amona sa moillier,
et avoc lui vinrent si chevalier, 230

---

216 *ms.*: avoc: emended after *BF* —

dec'a .L., n'i a cel n'ait destrier;
chascons avoit a les lou brant d'acier,
mais Renoars n'en volt ans nul baillier;
en sa main tint .I. baston de pommier;
dec'au dromont ne se vost atargier.   235
Deu lou garisse qui lou mont doit jugier!
Dist Clarïons : "Or avent, chevalier!
Renoars sire, descendés del destrier,
vien nos [ricoises] veoir et acointier;
et celle dame qui molt fait a prisier,   240
c'elle velt bliaus et hermins ga[ai]gnier
eschés ne tables por lui esbanïer,
chiens ne brachés ne viautre ne levrier
ostors de mue ne falcons n'esprevier,
ne drais de soie, ne bliaus antailliés,   245
nos l'an ferons a son plaissir baillier".
Dist Renoars : "Ce fait a mercïer".
Lors descendi de l'auferrent destrier,
en la barge entre a son grant destorbier,
ensanble o lui i mena sa moillier,   250
et anprés as entrent cil chevalier.
Cant tuit sont ens, sel mistren[t en]darer.
Li Sarrasin ne voldrent atargier,
Ysabras est sus saillis do solier;
a haute vois conmençait a huchier: 255
"Ferés, barons, n'aiés soing d'atargier,
cist glos ocist mon nevot Aucibier:
par Mahomet, a cui je voil proier,
jamais tinels ne li avra mestier,
sa feme avront garçon et pautonier".   260
La dame prisent et devent et daier,
tot li desirent son fres hermine chier.
Dist Renoars : "Or puis ge trop tagier
[cant] je voi ci ma feme dessachier;
si m'eïst Deus, molt me doit enuier;   265
icist ostages me vient a anconbrier;
de deul morai se ne m'en puis vengier".
Ans qu'Isabras ait levé lou levier,
ne qu'il peüst lou suen cop rabaissier,

239 *ms.*: recoivre, emended after *E* —
241 *ms.*: "gagnier" —
264 *ms.*: q, after. *AB* —

l'a ferut [si] Renoars do baston de pomier 270
que lou bras destre li a par mi brisié;
del poing li cort la barre esragier,
si lou hurta qu'i l'a fait trabuchier;
de la grant barre li done .I. cop planier
qui la cervelle li fist del chief raier. 275

FOLIO 273 d Dist Renoars: "Laissiés vos menacier!
Cuvers traïtres, Dex te dont enconbrier,
lonc vos servisse avés vostre loer!
Ensin doit on(t)fol gloton chastoier!"
A vois escrie: "As armes, chevalier, 280
car me venés et secore et aidier!"
Cant cil l'antendent, ne sont mie lanier.
Par mi l'eschielle les veïssiés puier;
n'i ait celui n'ait trait lo bran d'acier,
de bien ferir ne se font pas proier; 285
les veïssiés molt fierement aidier,
par celle nef errer et esploitier.
Qui la veïst ces païens domagier,
l'un mort sor l'autre verser et trabuchier,
bien les deüst alosser et prisier; 290
et Renoars nes volt mie esparnier;
cui il consuit, ja n'en esteut plaidier,
ja medecine ne li avra mestier;
paien li fuent con aloe esprevier;
mal soit de cel qui l'osast aprochier. 295
Et Renoars ne fine de chacier
desic'amont ens el maistre terrier;
la orent fait .I. fort chastel drecier,
illoc se vont Sarrasin alcier.
Clarïons sone .I. graille menuer: 300
par lou dromont furent li losangier,
mais Renoars lor vient a l'ancontrier
qui les ocist et cravente a levier;
des Sarrasins fait lou dromont jonchier;
li plussor cuident saillir fors el gravier, 305
la rive iert halte, n'i poent esploitier,

270, *ms.* omits "si", emended after *AF* —
See APPENDIX A for text of *E* after v.262 of *D* —
279, *ms.*: doit ont:
286, *ms.*: veussiés —

dedens la mer les covint a noier,
ans a la rive n'en pot nul a salver.

V

Grant fut l'estor et ruste la melee.
Par lou dromont est fiere la crīee. 310
Renoars tint la grant perche quarree,
de fer i ot une grant cherretee;
qui il consuit ne pot avoir duree,
tos lor defroisse lou pis et l'eschinee.
Paien s'an fuient amont vers la hidee, 315
en .I. chastel se sont mis a l'antree:
FOLIO 274 a Rois Clarīons ait soné la menee
dont se ralīent la pute gent desvee;
.X.M. sont, n'i a cel n'ait espee
ou dars tranchans, javelos ou espee 320
hache molue ou jesarme aceree.
Dist Clarīons : "Franche gent honoree,
mors est nos sires sans nulle recovree:
male novelle iert Desramé contee.
S'or voloit estre ma parolle escoutee 325
et de vos tos otroïe et gree[e],
ja seroit l'ancre esrachie et levee
et celle corde dont elle tient copee
et celle voille tote desvelope[e];
si nos metrons a vent en mer salee, 330
ja contre nos n'avra longe duree;
je voil moilz jus la teste avoir copee
que de moi soit malvaisse renomee.
Par Mahomet, a cui m'arme ai voee,
ans demain iert ceste barge troee, 335
an .XV. leus persie et efrondee;
s'il ne se rent, c'est verités provee,
ou il ne fait chose qui nos agree,
ja n'avra puis longe demoree
qu'elle ne soit en la mer esfrondee." 340
Dīent paien : "Tel parolle est sanee,
Clarīons, sire, mervaille nos agree,
par Mahomet, bone l'avés contee."

---
326 *ms.*: gree
329 *ms.*: desvelope : emended after *E* —

VI

Grant sont li cri par lou dromont levé
et Renoars a tant paiens tüé; 345
a son tinel qui est de fer quaré
dont il avoit Ysabras esfronté
plus de .II.M. en ait escervelé.
Mais de paiens i ot trop grant planté,
contre .I. des nos en i ot .C. d'armés 350
En .I. chastel sont Sarrasin entré,
a grans bretesches bien roillié et quarré:
de bien defandre sont tuit entalanté.
Mais Clarïons a molt de mal pensé;
par .I. conduit a son cors devalé 355
et vient a l'ancre, s'ait la corde copé,
puis s'an repaire coiement a celé;
en son lou mal sont li voille levé;
FOLIO 274 b .I. vens les fiert qui tost les a guïé;
plus tost c'oisiaus sont de mer esquipé. 360
Grans .XXX. lues avoient ja alé
cant Renoars a regardé l'oré;
voit lou dromont corre tout abrivé,
Deu reclamait, lou Roi de Majesté:
"Peres Propices, qui me feïstes né, 365
en tel maniere faites cest vent torner
c'an mains ne chaie mon peire Desramé;
car, s'il me tient, je sai de verité,
ne me guerroit tote crestïenté
que ne m'ocie a son branc aceré; 370
mais, par l'apostre c'on quiert en Noiron Preit,
ne m'en menront li cuvert defaé,
si l'averont chierement conparé!"
Sa moillier a Renoars conforté,
et ses barons a ansanble ajosté: 375
"Seignor," dist il, "molt somes mal mené:
cist Sarrasin nos ont mal engingnié,
en ceste mer nos a l'an esquipé.
Or faissons tant que n'en soions blamé,
et que ne soit a nos oirs reprové, 380
n'a coardie ne a mal atorné;
veez lassus cest grant chastel fermé

et par ancoste sont dui autre levé;
d'escus et d'armes i ait molt grant planté,
si ait vitaille et pain et vin et blef 385
et Sarrasin i sont tuit assanblé;
se ge nel prent par vive poesté,
dont ne me pris .I. denier monaé;
je ne gart l'ore que soions afiné,
en ceste mer noié et esfrondé, 390
car li orage sont molt grant et enflé;
assés veuil miolz morir [a o[ne]sté,]
c'an ceste mer noïssons a vilté! "
Et cil respondent : "Volontiers et de gré,
qui n'i ferra o lou branc aceré, 395
[or soit honiz et si ait mal dahé! "] 395a
A icest mot en sont amont monté,
dec'au chastel ne sont pas arresté.
Renoars vient lou maillet entesé,
l'aubert vestut, lacié l'iame gemé,
a Ysabras l'avoit des pons osteit; 400
molt fist que sages cant i l'ot andosé,
car autrement eüst petit duré.
Cil chevalier sont richement armé.
Renoars ait les paiens escrïé :
"Fil a putain, mescreant parjuré, 405
rendés vos tost, n'i ait plus demoré,
ou se ce non, par Sainte Charité,
ja ne varrés lo solail esconsé,
de cest tinel vos avrai efronté! "
Dist Clarïons : "Or avés trop palé; 410
par Mahomet, molt avés mal erré
qui nos deus as guerpis et defïés,
et ton lignage honi et vergondé;
se tu ne crois la nostre loialté,
tost t'averons a ton pere acordé, 415
et a ta feme que tu as esposé
seront overt li flanc et li costé
pour lou bastart que avés engendré,
dont est ensainte bien a .VII. mois passé;
car nos l'avons en l'estore trové 420

392 ms.: en osté: emended after AEF —
395a ms. om.: added from ABF —

que par ton filz serons deserité;
mais nostre livre en seront tuit falsé.
S'ensin nel fais con ge l'ai devissé,
nos te randrons a roi Tiebaut l'Escler
et Aëlis avra lou chief copé, 425
an feu ert arse, ja n'en iert trestorné,
car ge ne voil consail de l'eschaper.
De mer hautaine avons .I. pan(t) outré;
ansois demain que il soit avespré
averons nos cest dromont arivé, 430
a Baraton droit au port aancré;
lai a tes peres son grant ost assanblé
de .XX. lignages i a gent amoné;
ja li millier n'en seront aconté;
Tiebaus i est et .XX. rois coroné; 435
lai te seront tuit li menbre copé,
et a ta feme tuit overt li costé".
Renoars l'ot, pres n'a lou sanc desvé;
a icest mot a lou tinel levé,
ens el chastel en a .I. cop doné 440
que l'un des pens a [a] terre reversé,
et Sarrasin ont lanciet et rué

FOLIO 274 d mainte saiete et maint dart enpané;
la noise enforce et paien ont hüé,
.X. chevaliers nos i ont mort jeté. 445

VII

Grant fut l'estor en la mer en la barge
et Renoars de ferir ne s'atarge,
lou tinel lieve conme de grant barnage,
fiert au chastel, s'an abat une estache;
.C. Sarrasins abastit de la cage. 450
Dist Clarïons : "Cist dïable enrage,
de nostre gent nos fait il grant domage.
mais ans demain conparrait son corage."
Dïent paien : "Ne somes mie sage
qui nos faissons ocirre a tel hontage, 455
car getons fors lou batel de la barge,
si enfuions par mi la mer a nage;

441, *ms.* omits "a" —

laissons l'an pais, la male flame l'arde! "
Dist Clarïons : "Or atendons l'orage;
a l'anuitier sera la mer onbrage 460
qu'orendroit est et orible et salvage;
paor cuit faire ancui tot lo plus sage;
ne lor tendra de chacier en boscage;
je sai de mer tot l'afaire et l'usage,
et lou destroit o sont li bon passage: 465
et nos galie est molt bone ovrage;
ne doute oré vaillissant .I. fromage,
si porte bien de Sarrasins grant cherge;
a l'anuitier i ferons nostre outrage,
et celle dame qui a cler lo visage 470
en menrons nos avoc nos en soignage,
si la tenrai a moi en soignantage;
a Desramé iert, li viés et l'aufage.
Ne voil cil glos l'ait ja en mariage."
Dient paien : "Si a parole sage, 475
bien devons faire a Renoart hontage,
ocis nos a lou moilz de nos parage;
or do bien faire! honis soit qui s'atarge! "

VIII

Clarïons a son consail afiné
et Sarrasin l'ont bien acreanté. 480
Et Renoars a sa gent apelé;
tuit li plussor sont plaié et navré:
"Baron" dist il, "ne soiez efraé,
en cest dromont somes [ci] anserré,
FOLIO 275 a   je sai molt bien, molt avons ja siglé, 485
et de paien i a milt grant planté
en cel chastel qui est lassus fermé;
se aviens cel plus grant conquesté
dont je ai jai .I. des pens craventé,
ja puis li autre n'i avroient (ja) duré; 490
a chascon cop en avrai .II. tüés;
se ge ferir puis a ma volanté,
tost averai l'estor de Turs finé;
ne poés estre autrement eschapé.

484, ms. omits 'ci', emended after ABF —

LA BATAILLE LOQUIFER

Mais de ma feme ai molt lou cuer iré, 495
n'i avra mais coardise mostré."
A icest mot sont tuit aseguré,
païens assaillent de grant ire alumé;
Renoars fiert del levier aceré,
tot lo chastel a par devent froé, 500
et des paiens bien .L. tüés.
Clarions voit ja n'i avront duré;
ja palera par molt grant falseté:
"Renoars, sire, ses que j'ai en pansé?
Se contre toi poons estre tensé, 505
et ta grant ire nos aiés pardoné,
cist dromons soit tos tiens et enquité,
si valt ancor .M. mar d'argent pesé:
tant t'aiderons que seras arrivé
a Porpaillart dont nos somes torné; 510
pour toe amor serons crestïené."
Dist Renoars : "Dont avrïés mon gré."
Trives lor done, [sis] sont acreanté;
mais malement li tindrent seürté,
car, ans demain que il soit ajorné 515
li averont son grant levier anblé
et sa moillier a gent cors signoré,
dont Renoars ot tant lou sanc desvé,
dont puis morurent .M. Turc et .M. Escler
et Loquifier soz Porpaillart el pré. 520
Par celui furent païen desbareté.

IX

Renoars a païens asseürés
a bien tenir et a foit a porter.
Et Clarïons li va premiers jurer
qu'il se fera baptiser et lever, 525
FOLIO 275 b   et tuit li autre en fons regenerer;
et, s'il ne volent otroier et graer,
i lor fera tos les menbres coper;
ja li plus cointes ne s'an pora gaber.
"Dist Renoars : "Or as tu dit que ber, 530
puis vos irai Espaigne conquester.

---
513 : *ms.* : si se sont —

Vostre sera, je la vos voil doner,
et dedens Cordes hautement coroner;
et Desramé ferai lou chief coper
se il ne velt Damedeu aorer! " 535
Dist Clarïons : "D'el nos covient parler,
car cest dromont covendroit restorner.
Renoars, sire, alés vos reposer
en cel chastel qui siet desor la mer;
la dame dort, ne vos chalt d'efraer; 540
ans que s'esvaille, serons pres d'ariver."
Dist Renoars : "Ce ne doi ge veer."
Ens el chastel s'est alés reposer,
ses homes lait por sa feme garder;
or s'est laissiés laidement asoter, 545
mais li vilains lou dit en reprover,
nus ne se puet de traïsson garder.
Tuit s'an dormirent cant vint a l'avesprer
car il estoient travaillié et pené,
et Clarïons fist ses homes joster, 550
en mi la barge venir et assanbler.
"Baron," dist il, "or pansés do haster;
en vos galie faites les rois jeter,
ancres i voiles sans plus de demorer,
et la vitaille faites tost aprester." 555
Et il si fisent, n'i volrent demorer.
Dist Clarïons : "Or vos covient aler,
les Frans qui dorment ferons les chiés coper,
puis en porons bien la dame moner."
Dïent paien : "N'avons que demorer, 560
mais sagement nos covendra errer
que Renoars ne nos oie paleir."
Atant s'an tornent, n'i volent demorer,
les brans d'acier n'i volrent oblïer,
et Clarïons les vait devent guïer; 565
par mi la barge conmençait a errer,
les chevaliers vont [tres]tos demanbrer,
ans n'en laissierent .I. sol a descoper.
La dame l'ot, si conmence a crïer:
"Renoars, freire, car me vien delivrer 570
lasse, dolante, conment porai tenser?

---

567 *ms.*: v. tos d. : emended after *AF* —

Li cuers de moi me devroit ja crever!"
Dist Clarïons : "Mar l'osastes panser!"
De toutes pars la corurent cobrer:
en lor galie l'an ont faite moner, 575
puis i conmencent Sarrasin a antrer;
Renoart corent son grant tinel anbler,
li .XXV. i orent que lever,
et puis lou firent enson lo mal fermer.
Ilnelement se corent desriver. 580
La gentis dame se conmence a pasmer,
et cant revint si conmence a plorer;
pitosement se prent a desmenter:
"Ha, Dex," dist elle "qui te laissas pener,
et en la cruis por ton pople salver, 585
et au tiers jors fustes resuscités,
la Magdalene ses pichiés pardoner,
ta Sainte Mere volsis Tu conforter,
a saint Jehan Baptiste conmender,
con sou est voirs et jo croi sans falser, 590
ne consant, Sire, mon cors a vergondeir."
Ans que la dame ait laissiet son orer,
descent .I. anges por Renoart bouter.
Si lou bouta que il lo fist croler,
"Lieve, va sus, trop i pués demorer, 595
ta feme enmoinent Sarrasin et Escler,
fai miolz que pués, pres est de l'ajorner."
Renoars l'ot, n'ot en lui c'aïrer;
il saillit sus, son tinel volt cobrer
pour lou saint ange et ferir et tüer; 600
mais i li dist : "Renoars, laisse ester,
aillors t'esteut ta vertut esprover;
je suis mais Deu, ne garde d'afoler."
Dist Renoars : "Dont me pués bien salver;
cant Dex t'amoine, a moi parler 605
moilz m'en doit estre sa droit ves esgarder."
"Si iert il, frere: ne te desesperés."

X

L'ange s'an torne, si est evanoïs:
et Renoars remaint grains et maris;

605: c.D.t. qu'a toi me fet p.
606: m.m.d.e. qui d.veut e. *B* —

48   LA BATAILLE LOQUIFER

par mi la barge en va tos estordis   610
querent sa feme Aëlis au cler vis;
cant ne la trove, a poi n'enrage vis,
et voit ses homes destranchiés et ocis;
sovent se clame maleüros, chaitis:
"Ha las! ", dist il, "con or suis mal baillis;   615
qui paien croit, a estros est honis! "
Renoars est el chastel revertis,
li jors se lieve,. solaz est esclarcis,
et Sarrasin ont les armes saissis;
as avirons furent bien .XXVI.;   620
lor voilles ont et lors tres avent mis,
devent la barge e les vos acoillis.
Et Aëlis s'escrie a haut cris:
"Sainte Marie, aiés de moi mercis! "
Dist Clarïons : "Laissiés ester vos cris,   625
car Renoars n'iert jamais vos amis;
de vos ferai ancui tos me[s] delis."
Dist Aëlis : "Vos mantés, entecris!
Miolz ameroie que mes cuers fut partis
que ja de vos fust enordés mes lis! "   630
Renoars ait trestos les mos oïs;
devers la mer a restorné son vis,
voit la galie as cuvers maleïs
qui tuit avoien[t]picois de fer saissit;
ja fust molt tost li dromons desconfis,   635
et Renoars fust noiés et peris;
mais il fut molt corageus et hardis,
prous et inels et molt amanevis;
il joint les piés, s'est en mi as saillis.
Deus lou garda, n'est bleciés ne malmis;   640
il ne fut mïe coars ne alantis,
son levier trove, si l'a a .II. mains pris,
as Sarrasins an debrise les vis.
A .IIII. cos en ait .L. ocis,
et en la mer autretant saillir fist.   645
N'i ait paien ne soit tos esbanis,
ansin li fuent con aloë perdris.

FOLIO 276 a   Tos li plus pros est si espooris,
n'i volsist estre por la cit de Paris.
Clarïons est en la presse qatis,   650

627 *ms.*: me, emended after *E* —

puis s'en repaire as paiens maleïs,
en .I. batel qui lai est revertis;
mien escïent, ja fust do tot guaris,
mais Aëlis l'ait as mains bien saissis.
Elle s'escrie : "Renoars, bias amis, 655
or tost a moi, cist est tes anemis!"
Renoars l'ot, de joie fist .I. ris.
Inellement est celle part guenchis:
"Par Deu, cuvers, mal estes baillis!
Or t'ocirrai, ja n'en iert pris respit, 660
mais que ge aie ces autres convertis!"
Clarïons l'ot, les .I. fust s'est quatis.
Que vos diroie? Tos les ait ocis,
mais que .XVIII. en i a laissiet vis;
loiés les ait, ses ait ansanble mis. 665
Devent lou soir, ans qu'il soit avespris,
vint une nef de cel autre païs,
marcheant iere[nt] qui sont de Saint Denis
et s'an i a d'Orliens et de Paris,
devers Estanpes et de sous de Saint Lis, 670
et de Belvais et d'antor lou païs;
de Monferrent i estoit li marchis;
pour les galies qui les ont [asailis]
.VIII. jors entiers et par mer [porsuïs]
lou soir devent les orent [desconfis]. 675
Et Renoars les ot molt bien choisis,
et voit les voiles blanches con flor de lis,
voit les crois roges con feus qui est espris;
en la galie sor lou bort est assis.
La mers fut coie et li vens est seris. 680

XI

Renoars est sor lou bort arrestés,
as marcheant est li bers escrïés,
apres les ait a sa main acenés,
mais d'autre part est tornee la nef:

See *Appendix B* for text of *E* after v.660 of *D* —
673 *ms.*: porsuïs : emended after *ABF* —
674 *ms.*: asaillis : emended after *ABF* —
675 *ms.*: asaillis : emended after *ABF* —

n'en i a nul qui ne soit effraes. 685
Aval lo vent laissent core a planté,
vers Renoart n'en fut nul abité.
Mais il est molt de grant sens apansé;
prent une lance, enson la fent assés,
une cruis fist, puis est en piés levés, 690
amont la dresce; molt a fait que sanés.
Dist li marcheant : "Seignor, or esgardés,
dont n'est sou crois que lai outre veez?
Ce senefie pais et humelités;
c'est de nos gent, ja mar en douteres; 695
veez quel dromont ja est pres aancrés.
Je cuit ceu est de France lou barné,
et Looïs, lou fort roi coroné,
et ce que dient je cuit est verité."
A icest mot ont lor sigle levé, 700
a la galie es les vos arrouté;
et Renoars les a halt salüé
de Damedeu qui an crois fut pené.
Dist Renoars : "Seignor, avent venés;
qui estes vos? Gardés nel me celés." 705
Dist li marchis : "De France somes nés,
et tuit cil autre de France lou rené.
Et vos qui estes? Gardés nel nos celes."
Dist Renoars : "Aparmain lou savrés;
je suis serorges dan Guillelme au cor neis, 710
et si ai non Renoars au tinel.
De Tortolose gardoie les fertés,
et Porpaillart qui m'iert abandonés;
l'autrier i fut cist dromons arrivés,
jai li tramist mes peres Desramés 715
qu'il me preïssent, si fusse a lui monés.
Cant avoc ous sui en la nef entrés,
et ma moillier et chevalier assés,
prenre me volt et saissir .I. malfés;
il fut par non Ysabras apelés. 720
D'un grant levier dui estre escervelé;
la mercit Deu, qui an crois fut pené,
lui ai ocis et les autres tüés,
fors que .XIIII., n'en i a plus remés."
Dist li marchis : "Deus en soit aorés! 725

LA BATAILLE LOQUIFER

FOLIO 276 c

Renoars, sire, molt bone aïe avrés,
ne vos faldrons pour estre demenbrés! "
Dist Renoars : "Deus vos en sache grés;
j'envoierai se vos lou me loés
tos les paiens que je ai afrontés   730
a Baraton mon pere Desramés."
Dist li marchis : "Con bons vasas ferés;
jamais n'iert jors n'en soies plus doutés! "
En la galie est Renoars entrés,
vint as paiens c'ot loiet et serrés;   735
n'i a celui n'ait .I. des ialz crevés,
et .I. des piés et .I. des pons copés;
et a chascon fut li neis recumés,
et des orailles les ait tos efrontés.
Cant i les ot ensi mal atornés,   740
si les ait mis ensanble les a les,
les mors paiens ont es dromons jetés;
en la galie les ait amoncelés.
Li aucant sont en la mer efrondés.
Dame Aëlis fut el dromont ferrés,   745
et li marchis et des autres assés;
et Renoars ne s'est asseürés.
Cant de paiens fut li vasias conblés,
a Clarïon ait dit : "Or entendés;
de vostre main nue m'afierés   750
c'a Baraton a mon peere en irés;
de moie part ses mors presanterés,
et [en] aprés tout iceu li dirés
c'an son despit vos ai si conraees."
Dist li paiens : "Si con vos conmendés.   755
Par Mahomet, molt nos as vergondés."
Adons est d'ous Renoars desevrés,
et la galie acoillit .I. oré
qui les ait droit vers Baranton monés;
et Renoars n'i est plus demorés.   760
La barge aprestent, s'ontles voilles levé.
Tant les ait Dex et saint Piere moné
c'a Porpaillart sont annuit arrivé.
Iloc trova dant Guillelme au cor neis;
on li ot jai tos les fais acontés,   765

---
753 ms.: Et a.: emended after AB —

FOLIO 276 d

confaitement Turc les orent güié,
venus i fut atot .V.M. armés.
Cant Renoart vit issir de la nef,
ne fust si liés por .XIIII. cités;
grant fut la joie sos Porpaillart es prés. 770
Li cuens Guillelmes fut chevaliers menbrés,
les marcheans ait forment honorés,
et lou marchis riche dons presantés.
La nuit les ait richement ostelés
et tos ensanble richement conraeez. 775
Del dromont vindrett les grandes richetés,
chascons en est manans et asazés.
Dame Aëlis fut el palais listé,
o lui .XX. dames de molt grant richetés;
tant a ses jors et ses mois trepassés 780
que il vint li termes que il fut només.
Tant travailla ans que l'anfes fust nés,
li cuers li crieve, ses cors est detüés;
si li ovrirent les flans et les costés,
l'anfent en traient qui fut gros et quarrés; 785
ans de son tens ne fut tes esgardés.
Pour sou c'a fer fut de sa mere ostés,
fut an baptesme Maillefer apelés.
Li cors la dame fut au mostier portés,
a grant honor l'andemain enterrés. 790
Tant par en est Renoars adolés,
ne l'ose atendre nus hons de mere nés,
fors sol Guillelmes, lou marchis au cor neis
et la contesse de cui il fut amés.

XII

Por Renoart fut molt grant la criie, 795
et por sa feme qui morte est a hachie.
A l'anfent ont sa norice baillie.
Norrir lou font par molt grant seignorie.
Or devons bien parler de la galie
de Clarïon et de sa conpaignie 800
dont la nef est et conblee et chargie.

---

776 cf *BE* vuiolent
See *Appendix C* for Laisses XI*a* and XI*b* of *E* —

Li vif diable la conduit tant et guïe
c'a Barenton est lou main deschargie.
Corut i sont la pute gent haïe,
et Clarïons en ist o sa maisnie; 805
chascons do poing et d'un oil n'avoit mie.

FOLIO 277a

"Desramés, sire, ou est ta conpaignie?
Pour toe amor est nostre char honie."
Li Sarrasin ont la parolle oïe;
sor les asaurt aovré d'or polie 810
les ont colchiés li paien d'Aumarie.
Devant lou roi qui tenoit Murgalie,
lai ont porté Clarïon de Turmie
et. les .XIIII. dont l'ire est enforcie,
et Desramés a la chiere drecie: 815
"Di va," dist il, "nel me celes tu mie,
qui a ma gent ensin morte et honie?"
Dist Clarïons : "Cil qui lo mont susplie,
c'est Renoars a la chiere hardie
qui ne vos prise une pome porrie: 820
n'ait home el monde de si grant seignorie."
Desramés l'ot, s'a la color nercie.
D'ire s'esprent, tant forment se gramie
que tos li trenble li cors dec'an l'oïe;
de mal a faire son Mahomet envie: 825
"He, malvais deus, ta vertut est fenie
que .I. sol home a si ma gent honie."

XIII

Molt fu dolans li fors rois Desramés.
En halt parole, s'ait les sorcis levés:
"Et, Ysabras," fait il, "ou est alés 830
qui .VII. ans fut con noitons figurés?
Ans si fors hons ne fut de mere nés,
fors Loquifer qui plus grans est assés."
Dist Clarïons : "Ja'n orés verités;
en ma galie est tos escervelés 835
et .VII. M. en i a d'afolés
que Renoars vos fis a tos tüés,
et tos les autres n'en i a nul remés
qui n'ait copé et lou poing et lou neis,

```
                    n'en i a nul ne soit defigurés,                840
                    et vos meïsmes en estes defiés;
                    par moi vos mande que de lui vos gardés;
                    en vos despit nos ait si conraees;
                    tout vos tolra et chastés et cités,
                    et bours et villes, donjons et fermetés;      845
                    por sa moillier est si demesurés
FOLIO 277 b         que il ne doute ne roi ne amiré.
                    Molt forment l'aime Guillelmes au cor neis;
                    en pais tenront lor terre et lor renés.
                    Bien est Mahos homis et vergondés,            850
                    et vos meïmes en estes en viltés,
                    se de vos homes bon consail ne prenés
                    conment vos fis soit en estor matés;
                    ancor serés par lui deserités
                    et [tres]tos hors de vos terres fustés."      855
                    "Par Mahomet, voirs est! " dist Desramés.
```

XIV

```
                    Apres parlait Gaufier, .I. Arrabis –
                    cil estoit rois et sires de Lutis:
                    "Sire aymiraus, entendés a mes dis.
                    Tiebalz vos niés est molt pros et hardis,     860
                    mais Renoars est molt plus poëstis;
                    a .I. cop a sovent .X. Turs ocis;
                    jamais par home n'iert mors ne desconfis
                    se n'aguaitrés tant que soit endormis,
                    en autre sens ne puet estrë aquis;            865
                    ce n'est mie hons, ans est .I. mafei vis,
                    ne redoute arme vaillant une perdris:
                    par Mahomet qui tout est poëstis,
                    se ge avoie .M. païen fers vestis,
                    as cleres armes, as brans d'acier forbis,     870
                    as noves targes, as bons chevaus de pris,
                    ne l'atendroie se il estoit marris
                    qui me donroit trestot l'or de Paris;
                    ne m'en creez ja n'iert envaïs
                    se ansois n'est durement endormis."           875
```

See *Appendix D* for lines following v.856 & which are lacking in *D*

874, cf. *E* "se moi creez ja n'irés ou pais –

Tiebalz l'antent, si a getét .I. ris.
"Gaufier," dist il, "gar toi de la soris,
s'elle te mort, malement iés baillis:
dahait [ait] guerre cant on en ait lou pis,
ancor dirai ne sai c'an iert marris; 880
se Renoars nos avoit asaillis,
et il tenoit son grant tinel voltis
ne nos lairoit dec'au Port de Lutis;
tot ensin est mal jeus nos est partis."
Paien l'antendent, et les vos departis, 885
li plus hardis est de paors fremis,

FOLIO 277c chascuns parolle durement a halt cris:
"Desramés, sire," Gaufier dit con amis,
"se lou craés, ja ne serés honis,
o se ce non, mors estes et honis 890
et de la mort poés estre tos f(u)is
car Renoars est molt maltalantis;
il ne espargne ne parens ne amis
que il n'ocie; ja [n'eschapera] vis."

XV

Baldus de Rames en est passés avent, 895
il ait parleit hautement en oiant:
"Desramés, sire, ne te va atargent,
Gaufier parolle a loi de recreant;
tu as .C.M. de la gent conbatant,
aprestés sont les neis et li chalant; 900
par mi la mer nos alomes siglant,
Oranges aseons et daier et devent,
a grans perrieres l'alons acraventent;
Guillelmes soit ocis en escorchant;
et Guibors iert misë en feu ardant. 905
Et Renoart, qui tant alés prisant,
ocirrai jou a mon espiet tranchant,
puis irons France ensanble conquerent."
"Voir," dist Tiebalz : "vos parlés avenant."
Et dist Gaufier : "Trop vos alés prisant; 910
je palerai que qui plort ne qui chant:
Baldus de Rames, trop vos alés ventant
por Afelise qui vos dona son gant;

---
894 ms. : n'en e.v. —

mais, par Mahon à cui ge suis creans,
se a Orenges en alomes nagent, 915
et nos a siege i somes herbergent,
n'en partirons se [serons] tuit dolant
se Renoars i vient a son perchant,
ja li plus cointes ne s'an ira gabant.
Conment, diable? Sont ce or dit d'anfent? 920
Dont n'osist il Aucibier lo jaiant,
lou roi Borel et Margot lou puissant,
et Ysabras qui noitons fut .VII. ans,
et la bataille venquit en Aleschans,
et Desramés an fist aler fuiant? 925
Se me creez, n'en irons en avent,
ans tornerons aiers en Orïent,
car, se nos somes auques si longement
et Renoars i vient a son perchant,
par Mahomet, nos n' irons en avent, 930
si en moront .III.M. de nos gent! "
Paien l'antendent, si s'a[n] vont esmaiant.

XVI

"Amiraus, sire," dist Burtans d'Alïer,
"en Loquiferne envoie a Loquifier,
de si fort home n'oïstes ans plaidier, 935
et si li mande que il te vigne aidier;
s'a Renoart se puet en chanp loier,
ja ses tinés ne li avra mestier,
car .II. tans poise sa grant loque d'acier
que li tinés Renoart a vis fier, 940
et avoc porte .I. mail et .I. levier;
riens n'a duree qu'il voille domagier,
a .I. sol cop lou fait jus trabuchier;
mandés li, sire, sans plus de delaier;
se ill i vient, bien nos pora aidier, 945
et puis porés en France chevalcier."
Et dist Gaufier : "Bien fait a otrïer;
molt a an vos .I. loial consaillier.
Qui ce refusse, conparrer lou doit chier."

---
917 *ms.*: sesons —
932 *ms.*: si sa v.e. —

Dist Desramés : "Cui porons envoier?" 950
A ces parolles es vos .I. mesagier,
mais il n'avoit sergent ne chevalier,
ne [n'ot] cheval, palefroit ne destrier;
tos est deschaus, n'ot chauce ne chaucier,
ne fil de drais fors endroit lou braier; 955
la ot de cuir .I. grant disme quartier,
a fors corroies l'avoit fait atachier;
tos est velus et noirs con aversier:
lou poil ot lonc, bien le pot l'an trecier,
li vens li fait onder et baloier. 960
Plus tost coroit montaignes et rochier
c'a plaine terre ne brachés ne levrier;

FOLIO 278 a   s'il est levés lou main a l'esclarier
.IIII.C. lues courroit ans l'anuitier.
On l'apeloit Picolet lou ligier; 965
.I. oil avoit el haterel daier,
et .II. o chief por lui escharguaitier;
qui lo monde volroit tot reverchier
ne trovast on si vaillant paonier.
A halte vois conmençait a huchier: 970
"Desramés, sire, faites vos balz et fier,
salus vos mande li fors rois Loquifier.
En Loquiferne li dist l'on l'autrier
que Renoars te voloit vergoignier;
en Aleschans te fist grant anconbrier, 975
ta gent ocist sor mer en .I. gravier;
ancontre lui te vient mes sire aidier,
conbatre a lui se li velz otrïer,
et, s'an bataille se puet a lui lïer,
a .I. sol cop lou feroit baaillier." 980
Dist Desramés : "Molt en ai grant mestier! "
Lors fist Mahon porter en .I. vergier,
a genoillons l'est alés gracïer;
paien lo vont durement mercïer.
D'ofrir s'anforcent por l'amor Loquifier; 985
bien valt l'ofrande de bessans .I. sestier.

953, *ms.* omits "n'ot" —

XVII

Quant paien ont Mahomet celébré,
Desramés ait Picolet apelet:
"Picolet, frere, dis me tu verité,
que Loquifier en vient en mon rené?" 990
"Oil, voir, sire, s'ait o lui grant barné.
Ans demain vespre seront ci arrivé."
Dist Desramés, : "Ce me vient molt a gré."
Toute jor l'ont Sarrasin molt loé;
por Loquifier sont tuit asseüré. 995
Au matinet cant il fut ajorné
fut la navie a lor port arivé.
Loquifiers ist premerains de sa nef,
avoc lui sont .IIII. roi coronés;
son dromadaire ont devent lui moné, 1000
selle ot el dos de fin acié tenpré,
li estrier sont de fin or noielé,
li anés ot .XXII. pouz de les;
il n'est cheval de la soe bonté,
il n'ait si grant en la crestïenté. 1005
Ans cort autent con .I. falcons müé,
ans por nul home n'ot [le] poil tresué.
Et Loquifiers iert de si grant bonté,
qu'il ne doute home ne roi ne amiré.
Demie lance a de lonc et de lé, 1010
et .II. grans toises tres par mi les costés,
gorbe l'eschine, gros lo ventre et enflé,
les janbes torses et les piés bestornés,
les bras ot gros et si poing sont quarré,
hautes les jointes, si oil sont enfossé, 1015
de ses sorcis sont tuit acoveté.
Antre dous iolz ot demi piet de lé,
et grans orailles et lou front enfossé.
La teste ot lee et lou poil charboné,
plus l'avoit noir qu'arrement destranpé; 1020
lou nés ot gorbe, demi piet mesuré,
la gole grant, si dant sont afilé,
la barbe longe dec'au no do baldré,
et si grenon sont noir et enfumé,

1007, *ms.* omits "le", emended after *ABF* —

lais et oribles, par nos recercelés. 1025
En sa main porte .I. baston tronsoné,
tout de fin or, a pieres bastoné
qui molt reluisent et gietent grant clarté.
Contre lui vint Tiebalz et Desramés,
.XXX. aumasor et .XX. rois coroné. 1030
Rois Desramés l'ait premiers salué,
et tuit li autre l'ont parfont ancliné;
puis l'an monerent el palais principé,
vont lo servir et [l'ont] molt honoré;
molt riche don lai li ont presanté; 1035
de Renoart se sont a lui clamé.
Dist Loquifiers, : "Or ne vos efraés!
Ja ne verrois .I. tot sol mois passet
que ge l'avrai a ma loque tüé.
S'a .I. sol cop ne l'ai mort craventé, 1040
dont ne me prise .I. denier monaé.
Desramés, sire, soient li cor soné,
si nagerons anquenuit a l'oré."
Et dist Tiebalz : "Je l'avoie enpansé."
FOLIO 278 C De la bataille li a lou gant doné. 1045

XVIII

Rois Desramés ne s'asegura mie,
ne Sarrasin qui Damedeu maldie.
A l'anuitier antrent en lor navie;
la veïssiés tante voille drecie,
une vermaille de soi d'Aumarie: 1050
et Loquifer antrait en sa navie
qui plus tost cort ne aloe ne pie;
avoc lui sont .IIII. roi de Nubie.
La nuit s'an vont a là lune serie,
la mer hautaine ont passé a navie; 1055
grans .XXX. lues ont la mer aloignie,
sonent cil cor, molt est grant la bondie,
la mer engroisse et escume et fremie,
bons est li vens qui les conduit et guie;
les pors passerent par devers Salorie, 1060
a destre laissent la fors cité d'Orbrie

1034 ms. : "l'ont" om. :

qu'Ospinel ot maint jor en baillïe.
La mer traversent qui vait droit a Candie.
Tant ont siglé la pute gent haïe,
de Porpaillart ont la grant tor choisie. 1065
Li vens lor falt et la mer est serie;
voit lou Guillelmes ne s'aseürait mie;
se il s'esmaie, nel ting a coardie;
Jhesu reclame qui tot lo monde güie:
"Ahi, Orenges, con serés agastie, 1070
et la grant tor contreval trabuchie,
tote ma terre gastee et essillie!
De Renoart n'averai jou aïe;
vers tant de gent ai poi chevalerie."
De Porpaillart a la vile voidie; 1075
de la richesce et de la [menantie]
dedens Oranges l'anvoie a garantie.
Li marcheant ostent la marchandie,
vers douce France ont lor voie acoillie.
Molt fu la terre por paien estormie. 1080

XIX

A Porpaillart fu Guillelmes lou ber.
Dedens Orenges en fist l'avoir moner,
il est remeis por Porpaillart garder,
et li marchis qui tant fait a loer.
Si fut Bertrans li jantis et li ber, 1085
.M. chevaliers font o ous ajoster;
Sarrasins veullent defandre l'ariver,
mais ne lor valt, ne la poront durer.
Li cuens Guillelmes se prist a dementer:
"Ahi, Orenges, or vos verrai gaster, 1090
et Gloriete abatre et craventer!
Hei, Bertrans niés, miolz vos en vient aler
an dolce France que ici demorer,
car ja la terre ne poromes tanser.
Pechiet a fait Renoart asoter, 1095
n'a mais que faire de nulle arme porter;
repairiés est a sou que seult user,
et si est pires c'on ne l'ose habiter.

1076 *ms.*: garentie : emended after *ABEF* —

Ja a son vel ne feroit que chafer.
Deus, tant mar fut, ans nus ne vit son per, 1100
ans ne fut hons tes cos seüst doner,
par cel signor qui se laissa pener
ens ans la crois por son pople salver.
Je an lairoie .II. de mes dois coper
si fust do point cant je lo vi chapler 1105
en Aleschans ou tant se fist douter;
paiens vairoie a grant honte livrer,
.C. en feroit les chiés del bu sevrer,
et Desramé a branc lou chief coper! "
Dist Bertrans : "Sire, car laissiés lou paleir. 1110
Se nostre sires i voloit ja ovrer
que no poissiens an nul sans faire entrer
qu'il seüst arme ne maçue porter,
n'i guariroient Sarrasin ne Escler."
Ot lou Guillelmes, Guibor a apelé, 1115
andui i vont por lui andotriner.
An la cuisine seoit joste .I. piler,
nus piés, en langes, n'ot chauce ne soleir.
Dame Guibors s'est alee cliner
devent son frere por la mercis crïer: 1120
"Renoars, sire, a ti me vien clamer
de Sarrasins qui me vienent praer.
Ans si grant ost ne vit on asanbler
con Desramés a fait o lui güier.
Nus ne poroit lor astoire nonbrer, 1125
ne lors vaisias ne savoir ne esmer.
An celle mer se sont fait aancrer,
n'ont point de vent, si ne puent sigler.

FOLIO 279 a   A toi venons aïe demender;
en cest païs n'osons plus demorer." 1130
Renoars l'ot, si conmence a plorer!
"Dame," dist il, "or me laissiés ester.
Si m'eïst Deus, n'ai cure de gaber.
Ans s'oseroit mon pere .I. oil crever
que il osast encontre moi aler; 1135
et, s'il i vient, nel vos quier a celer,
ja me verrés trestout resvigoré,
et de novel ferai .I. fust ferrer.
Tant me verrés de Sarrasins tüer,

a ma maçue ferir et efronter 1140
ne l'oseroit Guillelmes regarder."
Par maltalant conmence a tresüer,
par teil aïr s'apuia a lever
c'un piler fist daieres lui froer.
N'i venra nul qui ne soit afrontés. 1145
Cuers li revint, si conmence a chanter,
et les sonés de joië a noter.

XX

Renoars a la parole entendue.
Ne fust si liés por c'an c'a sos la nue.
Dist Renoars : "Grant joie m'es creüe. 1150
Je porterai o tinel ou masue;
tant ocirrai de la gent malostrue
que la marine en iert tote vestue.
Se Deus me salve, vos avrés bone eüe.
Trop longement ai or esteit en mue; 1155
miolz am bataille que menger char de grue.
Or redoit estre ma force coneüe,
dec'an Arabe et doutee et cremue! "
A icest mot est une nef venue,
sor Porpaillart est la voile tendue; 1160
ansus de terre est auques arrestue,
et Picolés i estoit de Valrue,
qui plus tost cort que vens ne chace nue.
Il salt en mer sans nullë eschaüe,
tost vint a terre o l'erbë estoit drue; 1165
François trespasse, s'ait la presse ronpue,
vient a Guillelme, gentilment lou salue.
Itel novelle li a amanteüe
dont mainte targe fut [fendue et] ronpue,
maint piés, maint point, mainte teste tolue, 1170
et grant bataille tote jor maintenue.
Ans ne fut tes par nul home veüe,
.II. jors dura ans qu'elle fust vencue.

1169 *ms.*: d.m.t.f. puis r. : emended after *E* —

XXI

Dist Picolés : "Guillelmes au cor neis,
par moi te mande li fors rois Desramés; 1175
en mi la mer est leäns aancrés,
avoc lui sont .XXX. roi coronés,
si est ses nies Tiebalz li beas armés,
et tant i a de Sarrasins armés,
nel poroit dire nul clers, tant fust latrés. 1180
Li rois vos mande Orenges li rendés,
et Dame Orable a Tiebaut delivrés,
puis guerpissés toutes nos eritès;
et les mefais que vos fais li avés
voiant sa cort velt que li amendés; 1185
se on l'i juge, tu seras demenbrés.
En altre sens ne pués estre salvés;
pou te valdrait tote crestïentés,
car avoc lui est .I. vasas itels,
ensin fors hons ne fut de mere nés; 1190
tel mace porte, tos seroit anconbrés
.I. grant charroi a .V. ronsins ferrés.
En poi de terme vos avra tos tües."
Dist Renoars : "Molt iés or enbordés;
bien seis français, mais trop iés enpalés; 1195
en laide forme iés fais et figurés,
a grant mervaille iés ore enloquinés,
et de folie dire es demesurés;
mais, par celui qui est Deus apelés,
ne fust por sou que salüé m'avés, 1200
et que mesage ne doit estre adesés,
je vos fandroie et la bouche et lou neis."
Dist Picolés : "Ne seriés si ossés!"
Renoars l'ot, si en fut aïrés;
il lou saissit tres par mi les costés; 1205
bien lou geta .XXX. piés mesurés,
por .I. petit que ses cuers n'est crevés.
Et dist Guillelmes : "Renoars, tort avés,
car il doit estre tot en pais escoutés!"
Dist Renoars : "Sire, c'est veritès, 1210
or par Deu, sire, jou estoie obliés.

1198 *ms.* : est : emended after *E* —

FOLIO 279 c

    Picclés, sire, or lou me pardonés!
Venés avent, et si nos conterés
de Loquifer et de sa grant bontés,
et, s'il vos plaist de ma part li dirés,   1215
s'il velt bataille, tos en suis aprestés,
tout sol a sol, moi et lui en ces prés
si que lo voie rois Tiebalz li Esclers,
et li marchis Guillelmes au cor neis,
et li François et li autres barnés;   1220
se il me vaint, en grant pris est montés,
suens soit li renes en costé et en lés;
iceu li dites, ja mar en douterés,
que Renoars les a tos defiés."
Dist Picolés : "Molt par iestes desvés!   1225
A vis diables soiés vos conmendés!
Pour poi ne m'as tos les menbres froés,
et nonporcant dure ancor vos tinels?"
Dist Renoars : "Pieçait qu'il est quassés,
mais tel ferai qui miolz valrait assés.   1230
Sire Guillelmes, est li chans afīes?"
"Oïl," dist il, "ja mar en douterés,
trestout ensin con vos oï l'avés:
ja li suens dis n'estra de moi falsés."
Dist Picolés : "Lou congié me donés."   1235
A mescredit fut li chans devissés.
Cil s'an torna plus tost que cers ramés,
vient a la rive, si est saillis es gués;
plus tost noioit que salmons abrivés,
et Picollés a trespasset les nés;   1240
desi a roi ne s'i est arrestés.
Desramés joe as tables et aus dés
a Loquifer qui tint Val Tenebrés.

XXII

Dist Picollés qui fut jentis et ber:
"Desramés, sire, faites moi escouter! :   1245
Je vien d'Orenges ou me feïs aler,
je vi Guillelme qui tant fait a loer,

See *Appendix E* for Laisses XXI*a* and XXI*b* found in all mss. With the exception of *D* —

et Renoart qui molt fait a douter;
par moi vos mande, nel vos quier a celer,
c'a Loquifer se velt en chanp meller, 1250
tot sol a sol, cors a cors, per a per,
se tu li vés ensin acreanter."
Loquifers vint devent lo roi ester;
"Sire," fait il, "fai moi lou gant doner
de la bataille sans plus de demorer. 1255
Se la fors puis Renoart ancontrer
je li ferai lou chief do bu sevrer
et tos les autres ocire et descoper;
mar troveras Sarrasin ne Escler
qui ja se doie ancontre moi lever! 1260
Tos sols volrai lou païs aquiter! "
Puis salt en piés por son cors deporter.
Dist Desramés : "Sire, laissiés ester,
en autre sens nos covendra esrer
ou vos poés par loissir recovrer, 1265
car la bataille voil ans aterminer,
et a Bertran et Guillelme parler.
Et si volons l'un l'autre asegurer,
que n'avrons garde de venir ne d'aler
que la bataille que varons afiner." 1270
Lors fait Guillelme roi Desramé mander
par Picolet qu'il li rova aler.
En .I. batel en vait li glos entrer,
si fist Tiebaus qui molt fait a loer
et Signagon n'en i volt plus moner. 1275
Sor Porpaillart en vont trestuit ester.
La vint li cuens Guillelmes a ous parler,
o lui Bertrans qui fut jantis et ber.
N'i ait celui n'ait lo brant d'acier cler,
mais por nïent ne lor covient douter 1280
car Picolés lor fist truës doner
et d'une part et d'autre asseürer.
N'en i ot nul qui s'an volsist falser,
car lor loi volent bien tenir et garder,
ne falseroie por les menbres coper. 1285

XXIII

En son batel se dreçait Desramés,
et Signagons et Tiebaus li Esclers,
et a la rive fut Guillelmes a cor neis.
L'un dist a l'autre totes ses volantés,
mais ans d'acorde n'i ot [.I.] mot soné. 1290
La fut l'estors et li chans afinés,
et la bataille et li chans jurés;
au mescredit fut Renoars armés
ens ens .I. ille [soz] Porpaillart es prés;
et Loquifers i fut, li defaés. 1295
Li qués que soit recreans ne matés
[si lest la terre et i soit anchaitivez.] 1296a
Et dist Guillelmes, "Biaus amis, entendés,
si l'otroi ge conme vos dit l'avés
mais a cest port ne remenra ja neis,
s'iert la bataille et li estors finés." 1300
Si fut l'estors plevis et afīés.
Atant departent, si se sont defīés.
Li cuens Guillelmes s'en vait tos trespansés,
puis descendit, en la salle est montés.
Renoars vit qu'il fut si abosmés; 1305
il li demande : "Biau sire, que avés?
de nulle riens estes vos trespansés?"
"Voir," dist Guillelmes, "je suis espoentés
de ce diable ou conbatre devés."
Dist Renoars : "Ja mar en douterés, 1310
car, se Deu plaist qui an crois fut penés,
je l'ocirrai si que vos lou varés.
Cant iert li jors?" — "Demain sera només;
que Dex te dont et honor et bontés
que de l'estor t'en isses honorés! " 1315
L'eve demandent, s'asïent a diner;
si ont mangié et [beü] a plantet;
les napes traient, si est chascons levé.
Celle nuit fut [Renoars] respossés,

1290, ms. omits .I., emended after AB —
1294, ms. "sor"
1296a, ms. omits, emended after F —
1317 ms.: but, emended after B —
1319 ms.: .G., emended after ABF —

il et Guillelme se jurent lés a lés; 1320
de lui fut graindre .II. grans piés mesurés.
A matinet cant soloil fut levés,
a la chapelle a on les sains sonés;
li cuens se lieve, Renoars l'alosés,
et li barnaiges qui la estoit remés. 1325

XXIV

Lu mescredi, si con l'aube creva,
s'aparaillierent et de sai et de la.
"Sire Guillelmes, miedis sera ja,
veez lou solail qui est levés pieça
et miedis sera cant Deu plaira." 1330
Bertrans s'an torne, li cuens li envoia,
en une chanbre hastivement entra,
Dame Guibor ansanble o lui mena;
.II. haubers fors a Guillelme aporta,
et li marchis Renoart adouba 1335
par tel maniere conme vos dirai ja:
chauces ligieres Guillelmes li chauça,
une grant brogne an son dos andossa,
fort et sarree, mais gaires ne pesa;
li cuens Guillelmes son hiame li lasa, 1340
a .XXX. las an son chief li ferma,
et la ventaille devent sa bouche osta
pour miolz soffler cant mestier en avra.
Dame Guibors qui durement l'ama,
lou bran d'acier au costé çaint li a, 1345
leva sa main, .IIII. fois lou signa
de Damedeu et de cant que fait a ;
.I. grant [espiet] Guillelmes li bailla.
Renoars dist mie nel portera
mais lou levier dont Ysabras tua, 1350
celui li dont, autre ne baillera;
.V. en i vont, mais nul nel remua!
De fer estoit, molt durement pesa
et Renoars i vint qui lou leva;
i lou paumoie, estraint et branloia, 1355
antor son chief menu lou paumoia;

1348, Ms. omits espiet: emended after *ABF* —

de main en autre mainte fois lou geta.
Dist Renoars : "Bien ait qui te ferra! "
Trestos [armés] a mostier en alait,
et li barnages apres lui s'arouta. 1360
Il fait que sages cant la messe escouta,
.I. chapelains de vrai cuer li chanta,
a la pais prendre Renoars lou baissa
et do cors Deu bien se comenia;
son levier prist, a l'autel anclina. 1365
Tant par est fiers nelui ne redouta;
dec'a la mer mie ne demora;
la est Guibors qui tenrement plora,
li cuens Guillelmes et Bertrans larmoia;
.I. marinier lou bastel apresta, 1370
Renoars dist mie n'i antrera
de que il sache se li paiens venra.
Fiere bataille qui oïr la volra,
face moi pais, si se traië [en]ça.
Jamais si fiere de .II. homes n'ora. 1375
Li Sarrasins armer ne se daigna
desi o chanp ou il se conbatra;
molt durement Desramé en pesa,
mervailla soi por coi il lou laissa.

XXV

Desramés a Loquifer apelé: 1380
"Sire," dist il, "que as tu en pansé?
De quelles armes avras ton cors armé?
Adoube toi, tu as trop demoré;
miedis est, vés lo solail torné.
Molt dout mon fil et sa ruiste fierté." 1385
Dist Loquifers : "Je lou tien en vilté!
De que lo voie n'avrai cors adoubei.
Ja nel ferrai si'il ne [me] vient a gré.
Cant ge voldrai, tost l'avrai efronté,
a .I. sol cop ocis et afolé. 1390

1359, *Ms.* omits annés: emended after *ABF* —
1374 *ms.*: "ça" only: emended after *B²E* —
1388 *ms.*: "me" omitted, emended after *ABEE* —
See *Appendix F* for Laisse XXIIIa peculiar to *E* —

Ja n'i avra plus tochié n'adesé."
A l'autre mot a ses armes crïé,
et .IIII. roi s'an sont en pié levé
qui li aportent ceu qu'il a demandé,
apres li ont .I. challant apresté; 1395
il i antra par molt ruite fierté.
Por pou qu'il n'ait lou challant efrondé,
ses garnemens a mis a son costé;
ancui seront ens el chanp devissé;
si com li livres lou nos trait a verté, 1400
.XXX.II. homes en fussent anconbré;
n'ait o lui Turc ne Sarrasin moné
fors Picollet qui [lai] l'ait arrivé.
Loquifers ait son chalant aancré,
puis en issit sor la rive ens el pré, 1405
ses armes gete sos .I. arbre ramé,
puis est colchiés, son chief a jus cliné;
grignor mont tient que .III. buef acoré.
Li cuens Guillelmes l'a assés regardé,
molt lo vit grant , parcreü et menbré; 1410
molt dolcement a Jhesu reclamé:
"Peres puissant qui me feïstes né,
aiés hui, Sire, de Renoart pité,
si li aidiés a vaincre cest malfé."
En haute mer son[t] païen adoubé, 1415
plus de .C.M. de nagier apresté;
se Loquifer est de nïent grevé,
sel secorront, ensin l' ont devissé.
Deus les destruie, car tuit sont parjuré!
A pou lor est de tenir loialté, 1420
puis en morurent a deul et a vilté.

XXVI

Quant Renoars a veü l'aversier,
plus lou redoute qu'aloë esprevier.
Dist a Guillelme : "Or puis trop atargier;
FOLIO 280 d veez lai el chanp [ja] venu l'aversier." 1425
El batel antre, si a pris son levier;

1403, *ms.* omits "lai" —
1425, *ms.* omits "ja", emended after *E* —

a son costel a mis lou brant d'acier.
Dame Guibors lou conmence a signier,
li cuens Guillelmes li a pris a huchier:
"Va, Renoars, cil Deu te puist aidier   1430
qui s'aonbrait en la Vierge Moillier,
que il te laisse sain et sauf repairier."
Et Renoars conmença a nagier,
dec'ans ens l'ile ne se volt atargier;
il issit fors, la nef lait estraer,   1435
ens ans la mer l'anpoint au piet daier.
Li Sarrasins se prist a mervaillier,
tant ot lou cors et orguillos et fier:
por Renoart ne se daigna drecier,
tout en gessant l'a pris a araisnier: 1440
"Con as tu non? garde ne me noier! "
Dist Renoars : "A celer nel te quier.
Par droit devroie Espaigne desraisnier,
dedens Orenge suis el palais planier,
li cuens Guillelmes m'ot donee moillier,   1445
morte est d'anfent plus a d'un mois entier;
li anfes vit, elle geist o mostier.
A garder ai la mer et lou gravier;
mar i venistes sor moi por guerroier.
A vostre anpire nos volés essillier,   1450
mais lou treü vos en covient baillier;
antre vos vien por mon droit desrainier,
et Loquiferne la grant tor chalangier,
et tote Espaigne, qu'il n'i a eritier
qui doie avoir sor moi .I. sol denier;   1455
s'or lou desdis, bien m'i voil acointier.
Ja ne veras, je cuit, .III. jors entier
que an ton sanc te poras bien baignier,
mais, se voliés Mahomet renoier,
et Damedeu aorer et proier,   1460
bien te poroies envers moi apaier."
Dist Loquifers : "Molt t'ai oï preisier,
mais li tens deus ne valt mie .I. denier,
car ne me puet ne nuire ne aidier."
Dist Renoars : "Lai ester ton plaidier,   1465
va tost si t'arme, car plus n'i deslaier,
ou, se ce non, ja lou conparras chier!

Dist Loquifers : "Tais toi, glos pautonier,
se tu me vois de sus mes piés drecier,
je t'irai ja en celle mer noier! " 1470
Dist Renoars : "Trop poés menacier,
je ne te pris vaillissant .I. denier;
cant m'estordras, jamais n'avras mestier."

XXVII

Loquifers geist soz l'arbre qu'est foillis,
voit Renoart, si l'a a raisson mis: 1475
"Vasals," fait il, "par ta foi car me dis,
cant de la nef, de ton batel issis
et a ton piet o flun la renbatis,
or me di voir porcoi tu lou feïs?"
Dist Renoars : "Ja'n oras mon avis; 1480
s'il avient chose que tu m'achapes vis,
tu en [iras] el rené dont venis;
et, se ge t'ai par mes armes conquis,
moie est la nef, n'i a contredit mis;
et se tu crois el vrai non Jhesucris, 1485
bien nos portera, molt est bons et marsis."
Dist Loquifers : "Molt iés de sans garnis,
par Mahomet, grant folie as anpris,
mar fut tes cors qui pros est et jantis;
va t'en aiers, molt iés amanevis; 1490
truës te done tant que seras fuïs."
Dist Renoars : "Toi ne tes dex ne pris;
va, prent tes armes, et molt tost te garnis;
vois con Guillelmes m'esgarde, li marchis,
et sa moillier qui tant est signoris, 1495
li cuens Bertrans et li vasals dans Guis;
molt se mervaillent que ge ne t'ai ocis."
Loquifers l'ot, s'ait levés les sorcis,
la gole baee, plus l'ai grant [c'un] ronsis,
par maltalant a ses chavos saissis; 1500
l'un en esrage qui grans fut et tortis,
si que li sens en est enprés saillis,

1482 *ms.*: vas, emended after *ABEF* —
1485 *ms.*: this line is repeated after v.1486
1499 *ms.*: "con ronsins": emended after *BEF* —

FOLIO 281 b

mais ne lo sent, tant est maltalantis:
"Ha, glos," dist il, "tant par estes hardis,
va, s'an amoine avoc toi XX.VI; 1505
puis m'armerai, d'un sol n'i suis choisis,
ja n'i avrai [c'un] baston de jarris;
se por toi m'arme, trop seroie honis! "
Renoars l'ot, si est avent saillis;
"Par Deu," dist il, "cuvers, mar lou deïs! " 1510
Lou levier halce qui est de fer marsis,
ja l'an ferist, mais li glos s'est guenchis;
dist li païens : "Or es tu mal baillie!
Ne mengerai tant con tu soies vis! "
Dist Renoars : "Dont jeüns tos dis! " 1515

XXVIII

Loquifers ait son chief amont levé,
qui se gisoit sos l'olivier ramé;
"Vasal," fait il, "molt m'as hui ranponé,
por ton pere ai de toi molt grant pité;
va t'en aieres an cel dromont ferré, 1520
et si m'amoine dant Guillelme au cor nés,
lou palazin que on a tant loé,
et tant des autres que soient .XX. armé;
conbatre vignent a moi en mi cest pret."
Dist Renoars : "Molt m'avras hui grevé, 1525
de ta parolle honi et vergondé!
va tost si t'arme, que trop as demoré;
car, par Jhesu, lo Roi de Majesté
de cest levier que ge tien ci quarré,
t'avrai ge jai a .I. cop craventé, 1530
n'iert por itant que vos voi desarmé."
Dist Loquifers : "Molt vos ai escouté;
cant de conbatre te voi entalanté,
o sont tes armes que tu as aporté?"
Dist Renoars : "J'en ai a grant planté; 1535
or m'armerai, car molt m'en es hasté."
Dist Renoars : "Or fait ta volanté! "
Et dist li Turs : "Ne t'esteut ja douter,
n'iere traïtre en trestot mon aé."

1507 *ms.*: "baston" : emended after *BEF* —

Cant Renoars s'oï asseüré, 1540
lés lui s'asist sos l'olivier ramé
et Loquifers ait son cors conraé;
.I. cur bolit ait en son dos geté,
par desus ait .I. clavain andossé,
et par desus .I. blanc haubert saffré; 1545
ce est une brogne dont li pors est molt lé,
dont li cors est de fin or esmeré,
tuit li anel de fin acier tenpré;
ne crient cop d'arme vaillant .I. chien tüé.

FOLIO 281 c D'un molt fort cuir a son chief afublé, 1550
et de desore d'un saffre envelopé
que fees orent an tel androit ovré,
et par desore .I. vert hiame gemé:
a .XXX. las l'ait Renoars noé;
et Loquifers l'an a molt mercïé. 1555
Çainte a Hidose au senestre costé,
apres Florence qui molt ot de bonté,
et Dolerose qui fut Matussalé;
mist l'ait a destre, si l'ot en grant chierté;
son falsadone n'i volt pas oblïer, 1560
misericordes et costés afilé;
.I. grant chargent a a son col rüé,
et si l'a plain de cuivres ans bouté,
et de falsars et quarriaus anpané,
et pis et maces, javelos acerés; 1565
et [dars] tranchans a a destre porté,
puis prent sa loque; es lou vos adoubé.
.I. oignement ait el chief saiellé;
ja tant n'avroit tot lou cors defroé,
lou poing tranchiet et lo vis depané 1570
et en lor leu fussent chascons possé,
et an ce leu .I. petit adesé,
que ne venist maintenant an santé.
Tot sou a bien Renoars esgardé;
dist au paien, : "Molt te voi anconbré, 1575
et li diable t'ont d'arme si trosé,
cant ge t'avrai sanpres avironé,
de cest levier ferut et adesé,

1562 *ABF* tarquois —
1566, *ms.* dras t., emended after *ABF* —

puis guenchirai can[t] j'avrai recovré;
et tu conment me suivras par lou pré?" 1580
Dist Loquifers : "Tu as malvais pansé,
ceu ne me poise .I. denier monaé:
se .I. sol cop avoie a toi geté,
d'un de mes dars t'avroie ja tüé.
Par Mahomet ou j'ai mon chief voé, 1585
se esťiés .IIII.C. assanblé
ancontre moi en bataille chanpel,
tos vos avroie a ma loque tüé! "
Dist Renoars : "Trop t'avras hui vanté!
Gart te de moi, car ge t'ai defié." 1590
An sus se traient, molt l'a bien devissé,
et Loquifers a .I. poi reculé;
sa loque estraint, si a lou chief levé,
desor s'espaule l'a mis et traversé;
ne la portassent .III. ronsin estalé; 1595
mais Renoars ne l'a pas redouté;
sore li cort, lou levier antesé,
amont sor l'aume l'an a grant cop doné
que flors et pieres en a jus craventé,
mais ne l'a mie brisié ne antamé; 1600
l'acier a fait tant roidement hurter,
li feus an vole .I. espant mesuré
si que des pens en i ot alumé,
et lor escus an sont estancelé;
de Porpaillart en voit on la clarté, 1605
li cuens Guillelmes en a Deu reclamé,
et tuit li autre ont proié et oré
que Damedeu aïst son avoé.

XXIX

Quant Loquifers sant que cil l'a feru,
a son turcois a son bras estandu, 1610
inellement en trait .I. dart molu;
Renoart vise, si l'ait aconseü;
l'auberc li false que il avoit vestu,
do cur de fors li ait auques ronput;
Deu lou gari, c'an char ne l'a feru. 1615
Dist Loquifers : "De sai vos ai veü!

Relanquis(t) tost ton malvais Deu Jhesu,
et si aore nostre bon deu Cahu.
Je te donrai ma seror Acheü;
toie [ert] la terre dec'au Bones Artus, 1620
des Tors d'Aiete averas lou treü,
puis prendrons France, lo dolz rene asolu,
si lou tenras del prince Belzebu."
Dist Renoars : "Or te tais, mescreü!
canque tu dis ne pris pas .I. festu, 1625
toi ne tes deus vaillant .I. chien pandu.
Bien croi an Deu et ses saintes vertu,
par cui li bien sont de la terre issu.
Dahait [ait] ons qui croit en Chapalu! "
Lou levier hauce, n'ot lance ne escu; 1630
molt est ligiers, si ot lou cors menbru.
Vers Loquifer en vient les salz menu,
amont sor l'iame li a grant cop feru

FOLIO 282 a que flors et pieres en a jus abatu;
li leviers est de son cop arrestu 1635
que de l'acier a fait saillir lou fu,
mais a la char ne tochait nu a nu,
car li paiens ne dote arme .I. festu.
Dist Renoars : "Tel diable ne fu,
tant par ait d'armes antor son chief vestu, 1640
se Deu n'en panse, ja ne l'avrai vancu! "
An sus se trait, ne l'a mie atandu.
Dist Loquifers : "Or as tu trop vescu;
d'un javelot avras ja .I. salu
qui te fera tot lou cuer irascu. 1645
Ja par ti n'ierent cil laens secorut!
Ne mengerai si t'averai vancu,
et dan Guillelme a .I. arbre pandu;
mais ans t'avrai a Desramé randu."
Li Sarrasins ot lou sanc esmeü, 1650
a son turcois a son bras estandu,
.I. javelot en a trait esmolu;
a poing l'estraint qu'il ot gros et menbru
par les noas qui sont a or batu:
se Renoars ne se guenchist menu, 1655
ja li fandra lou cors par mi lou bu.

1620 *ms.*: "est" : emended after *ABEF* —
1629 *ms.*: "ait" is omitted, emended after *B* —

XXX

Lo javelot a estraint Loquifier
par les noas qui furent a or mier,
escost lou bras, lait les noas glacier,
par grant vertut lo lance l'aversier. 1660
Renoars salt qui ot lou cors legier,
a cop guenchi que geta l'aversier,
ancoste lui lo vit el pré fichier,
bien i entra lou glave a paonier;
s'ataint l'eüst, jamais n'eüst mestier. 1665
Li paiens voit qu'il nel puet domagier,
de maltalant cuida vis enragier,
a haute vois conmençait a huchier:
"Ahi, bastars, con vos savés guaitier!"
Fil a putain, lichieres pautonnier, 1670
conment t'osas ancontre moi drecier?
mais par Mahon, ne vos valt .I. denier
icel baston que te voi manoier;
de tex .LX. ne donroie .I. denier!
Va, si lou gete l'aval an cel rochier. 1675

FOLIO 282 b   Je te donrai ceste loque d'acier;
mestier t'avra se tu t'en seis aidier!
Elle valt plus de plain .I. val d'or mier!
Tel chose i a qui t'avra grant mestier,
mais ne te voil de ton preut porchacier, 1680
fos est li ons qui quiert son anconbrier!"
Dist Renoars : "Laissiés vostre plaidier;
ja ne la quier de ma main manoier
se ne la puis conquerre et gaignier;
s'adons l'avoie, molt la tendroie chier!" 1685
A icest mot a haucié lou levier,
par mi son hiame an ferit l'aversier,
que flors et pieres an fait jus trabuchier,
mais lou chapel ne pot mie anpirier:
plus d'une toise resort li cos aiers 1690
si que lou feu veïssiés flanboier
autresin cler con charbon an brasier.
Dist Renoars : "Poi me doit on prisier!
Sainte Marie, con or puis anragier
cant ge ne puis cel chapel peçoier: 1695

LA BATAILLE LOQUIFER 77

honis serai se cestui ne conquier! "
A icest mot a haucié lou levier,
de grant vertut vait ferir Loquifier:
tot li froissa lou maistre chapelier,
desi au saffre n'ait laissiet que brissiet; 1700
mais de celui ne pot mie(s) anpiriier
tant par eschaufe li fers contre l'acier
que ne se porent soffrir ne apoier;
contre l'acier covint lo fer ploier,
pou en faillit ne brisa lou levier; 1705
fors fut li cos aval au deschargier,
les pans consuit do blanc hauber[c] doblier;
li Turs lo voit, lo sanc cuide changier,
de maltalant conmence a rechignier,
sa loque jete plus halt que .I. clochier, 1710
molt durement s'an vient au repairier,
an terre fiche desi que au tenier.
Renoars cort qui l'an cuide sachier,
mais li païens li fut a l'ancontrier;
i li escrie : "Mar l'osastes baillier! " 1715
A une main la corut esragier,
par maltalant conmence a tornoier;
d'une grant lue oïst on lo noisier,
pour poi c'an mer ne s'est alés noier.
Bien l'esgardoient li baron chevalier; 1720
Nostre Seignor conmencent a proier.

XXXI

Renoars voit lo Sarrasin desver,
crier et braire et glatir et huleir,
la teste escourre, la terre au piés grater,
mordre sa loque, de la buche escumer 1725
que ses dens fait dedens l'acier entrer;
ancontremont fait la terre voler
plus c'uns quarés ne puet .I. arc jeter;
tel noise moine, la terre fait croler.
De sa fierté n'ora nus hons parler, 1730
nes la moitié n'a poroit on conter.
Por .I. petit n'est saillis an la mer.
Bien vos puis dire et por voir afïer

c'ans ne fut hons de si grande fierté;
mais Renoars ne lou volt redouter, 1735
hardiement li vint conme sangler;
si com il dut lo levier halt lever,
Loquifers lait .I. javelot aleir,
ans Renoars ne lou pot eschiver,
l'auberc li fait desronpre et depaner; 1740
par la vif bu li fait outre passer,
mais del boial ne pot mie antamer;
cil l'an traist fors ou il n'a c'aïrer.
C'est Renoars qui Jhesu puist salver.
Li sens conmence contreval a filer, 1745
ancontreval l'an veïssiés aler,
il n'a de coi puist sa plaie bander;
se longues saine, ja ne pora durer;
il ne volt mie sa plaië oblïer,
lo levier hauce, sa plaie lait aler, 1750
lou Sarrasin en va grant cop doner
par mi lo saffre, mais nel pot anpirer
c'on ne lo puet .I. sol point antamer;
lou cop en fait ancontremont geter.
Ans Loquifers ne daigna remüer, 1755
Renoart voit, sel prent a avisser,
lo sanc li voit encontreval filer,
vers lui se torne, sel prent a apeler:
"Renoars, freire, je te voil conjurer
par celui deu que tu dois aorer: 1760
di me verté, garde nel me celer,
dont vient cil sans que ge voi avaler,
de tel randon sor cel hauberc coler?"
Dist Renoars : "Lo voir t'an puis conter.
Tes javelos m'a fait lou cors navrer 1765
.I. sol petit, et lou cuir antamer,
mais pour iceu n'an lairai mon aler,
de mon levier ne ferir ne chapler."
Dist li païens : "Je te volrai mirer.
Li cuers te falt, ja te varrai verser, 1770
grant plaie i a, ja te covient pasmer;
desor ta char voi ge lou sanc beter.
Or te volrai l'onor guerredoner
que me faïs cant m'aidas a armer.

LA BATAILLE LOQUIFER 79

Vien ça a moi, ne te covient douter; 1775
ja vairas ja ta plaie mesiner."
Dist Renoars : "Ce voil ge bien graer,
mais se a ti me fais medesiner,
se puis t'oci, j'an ferai a blamer;
de traïsson me poroit [on] reter." 1780
Dist Loquifers: "Molt par as dit que ber!
Mais apres sou me poras defïer,
puis avroit tort qui s'an poroit gaber."
Dist Renoars : "Puis me an ti fïer?"
"Oïl, "dist il, "bien te puis afïer." 1785
Son doi conmence a son dant a hurter,
puis n'en mentist por .I. poing a coper.
Renoars vait dedevent lui cliner,
li Turs a fait l'ongnement avaler
desor la loque o l'ot fait saïeller; 1790
il l'an traist fors a son doi meneler,
anson la plaie li alait desgoter;
tout maintenant lo veïssies saner.
Lors fut plus sains que poissons por noer;
.I. poi an laist en son ventre gluer; 1795
s'il est navrés, la pora recovrer.
Dex, quelle ointure, con par fait a loer!
De mort a vie en puet on susciter!

XXXII

Quant Loquifers ot Renoart guari,
il s'abaissa, par la main lou saissit, 1800
amont lou lieve desor lou preit flori,

Folio 283 a   i l'apela con ja porés oïr:
"Renoars, freire, par ta foi car me di,
molt ai lou cuer vers toi grief et marri,
mais nequedant grant pitié ai de ti,
car molt te voi corageus et hardi; 1805
relanquis Deu, s'avrai de ti merci;
conpaing serons, por voir lou te plevi.
Laisse Guillelme au cor neis, lou marchis,
an Loquiferne t'en menrai avoc mi; 1810
toie iert la terre dec'au Port de Candi,

─────────────
1780 *ms.*: omits on, emended after *AF* --

guerpis lou Deu que cil Judas vendi
en Jursalem, ans ne se defandi."
Dist Renoars : "Païens, tu as menti,
je te jerai ja trestot estormi, 1815
gart [toi] de moi, orendroit te defi! "
Dist Loquifers : "Et ge ti autresin."
Sa loque antoise, a dous mains l'an feri;
par mi son hiame ou il l'a consüi
pieres et flors contreval abati; 1820
la loque cole, an sus do chief guenchi,
fiert an la terre, si parfont l'anfoï,
ne l'an traississent d'iloc .IIII. ronsin,
et Renoars ne l'a pas meschoisi;
ans que son bras eüst retrait a lui, 1825
l'a del levier si forment assanti
que l'un des bras li a ronput par mi:
an mi lou pré a la terre chaï.
Dist Loquifers : "An ti ai mal ami!
Forment me cuides or avoir malbailli, 1830
mais ne m'en chalt, tost lo m'avrai guari."
Il s'abaissait, si a son bras saissit,
a l'oignement an tochait .I. petit,
et maintenant lo sana et guari.
Icelle chose fist Renoart marri, 1835
Sainte Marie en a crié mercis.

XXXIII

Renoars voit Loquifer qu'est sanés,
n'est pas mervaille s'il en est efraés!
Son levier hauce, de ferir antesés,
mais li païens ne s'est mie obliés; 1840
sa loque antoise, contremont l'a levé;
de grant vertus est li cos devalés.
Renoars fut ligiers, s'est trestornés,
Folio 283 b ancoste lui ferit la loque es prés.
Dec'a ses poins est li aciers colés, 1845
mors fust li bers se ne fust trestornés.
Dist li païens : "Or t'a guarit malfeis!
Se a cest cop fusses or ancontrés,
ne ti vallissent .L. hiame gemé,
ne nul haubers, tant fust fors ne sarrés, 1850
que te ne fusses ou mors ou afolés.

1816 *ms.*: toi *om.: emended after* ABF —

De menor cop ai .V. homes tüés."
Dist Renoars : "Dex est plus fors assés!
Qui bien lou sert, ja n'estra vergondés,
ne an bataille malmis ne afolés." 1855
A icest mot est de ferir hastés
amont lou saffre, mais n'est pas antamés;
li cos resort, si est amont volés;
plus d'une toise est amont regités
si que lo vit Guillelmes au cor neis. 1860
Dist a Guibor : "Dame, por Deu, veez!
Se Deus n'an panse, ja n'iert par lui matés;
vés con aprochent ces barges et ces neis,
Sarrasin negent, veez les sigles levés.
Sainte Marie, Renoart secourés, 1865
que il n'i soit ocis ne afolés!
Se ge lou pert, tos suis a mort livrés! "
Dist Bertrans : "Sire, or ne vos demantés,
car, se Deu plaist qui an crois fut penés,
do chanp sera Renoars anorés! 1870
Mais, par mon chief, se croire me volés,
nos n'avons home ne soit ja adoubés,
que ne soions sorpris ne anginiés."
Et dist Guillelmes : "Molt iés bien apansés:
ansin iert fait conme vos dit l'avés." 1875
.I. graile sone, et les vos adoubés.
Ja estoit nonne et miedis passés
molt pres de rive est venus Desramés,
et païen ont lors challans aancrés;
en .I. chastel est Desramés montés. 1880
Lo jor fut molt Renoars esgardés
et de ses homes et de l'autre barnés.
Cant de païens se voit avironés,
dist au païen : "Tu as tes dis falsés!
Dahait [ait] hons qui ne tient verités! 1885
Folio 283 c Avés vos or vos Sarrasins mandés?
Mais, par mon chief, ans c'an soie monés,
et vos et ous molt chier lou conparés! "
Dist Loquifers : "Or ne vos efraés,
de traïsson ne serai ja restés. 1890

1852 *ms*. "mente", emended after *ABF* —
1885 *ms*. omits ait: emended after *E* —

Par Mahomet, s'uns en est si ossés
qu'il face chose qui soit outre mon gré,
ja an vairés .XL.M. tüés'."
Dist Renoars : "Tu dis grant loiautés,
s'ansin lou faites con vos lou devissés." 1895
Dist Loquifers : "Oïl, et plus assés;
fors de moi sol soiés asseürés.
S'or ne te gardes, ja seras afrontés! "
Lors s'antrevienent conme lions cresté.

XXXIV

Grant fut l'estor, longement a duré. 1900
Loquifers ait son cop amont levé,
a Renoart ait ruiste cop doné,
l'iame li a frait et escartelei,
et Renoars ait lou chief trestorné:
li cos descent par molt grant poesté, 1905
tot son haubert ait rout et depané;
li cos li va bruiant les lou costé,
trestot lou cuir en ait aval porté,
et de la cuisse ait .I. braon osté;
petit s'en falt qu'il ne l'a afolé. 1910
Li sans an chiet durement par lou pré.
Cant Renoars se santi si navré,
Deu reclama, lou Roi de Majesté;
l'oingnement prist, ne l'a mie oblïé,
que Loquifers li ot juït colé 1915
cant de sa plaie l'ot hui main repassé;
a sa main destre l'ai Renoars osté,
ansus se trait .I. arpant mesuré;
son cors en oint, maintenant l'a sané.
Molt fist que fos cant si tost l'a usé. 1920
Dist Loquifers : "Qui t'a si tost sané?
Ja t'ai ge or tout desrout lou costé! "
Dist Renoars : "La merci Damedé,
tes oignemens m'ait de la mort sané."
Dist Loquifers : "Dont lo m'as tu anblé?" 1925
Dist Renoars : "Ans l'avoie oblïé,
or n'en ai mais car ge l'ai tout usé."

See *APPENDIX G* for Laisse XXXIII*a* of *BEF* lacking
in *D* —

Folio 283 d

Dist Loquifers : "Ce me vient molt a gré,
cant n'en as mais, ja te varas tué."
Dist Renoars : "Ans t'avera costé! " 1930
Dont ne s'est mie Renoars oblié,
par maltalant a son levier levé
si qu'il en ot tot lou cors tresüé;
par mi lou chief li a grant cop doné,
la fist vertut li Rois de Majesté 1935
que tot lo safre a ronput et falsé;
a cuir de Gadres est li cos devalé,
ne l'anpira vaillant .II. oels pelé;
et lou vasal n'a mie remüé;
ce fut mervaille qu'il ne l'a efronté, 1940
tant forment a son levier hurté,
et li cos grans fait lou fer eschaufé;
al rechaoir l'a par mi tronsonné;
li leviers brise qui fut gros et quarré.
Dist Renoars : "Or i soient malfé! " 1945
Dist Loquifers : "Or t'est mal ancontré,
ne te pris mais .I. denier monaé
cant ton tinel as brisié et froé.
Relanquis deu, s'avrai de ti pité! "
Dist Renoars : "Molt as hui devisé, 1950
mais, se Deu plaist, ja par moi n'iert pansé
que ge guerpisse Jhesu de Majesté;
ne m'estordras, si t'avrai fait iré! "

XXXV

En Renoart ot vaillant chevalier,
et prout et sage et orguillos et fier. 1955
Inelement a trait lou branc d'acier,
si l'a estraint que lou fist branloier;
mervaillox cop en dona Loquifier,
an tel androit lo fiert sor lou levier,
tout contreval a fait lou branc glacier: 1960
del cuir de Gadres trancha lou chapelier,
et de la teste li osta .I. cartier
et tot lou test a fait jus trabuchier.
A vois escrie : "Or t'ai fait mensongier,
que tu disoies jehui au conmencier 1965

c'on ne poroit ton saffrë anpirier;
mais or i pert conment je sai forgier!
Va t'en aieres si lou fai afaitier,
car anvers moi ne t'avra mais mestier! "
A la retraite lou fiert es garnecier, 1970
dedens la gorge li fait lo branc ploier;
li Turs lou prist as dans a aragier,
si lou destranche conme .I. rain d'olivier.
An .XV. pesses fist lou brant peçoier;
conme .I. gastel l'y veïssiés rungier, 1975
de maltalant cuide vis anragier;
la loque antoise, ja se volra vengier,
mais Renoars n'en volt mie espargnier;
molt fist que sages cant il se trait aiers.
Li cos descent qui bruit con aversier, 1980
fiert an la terre la loque .I. arc antier.
Ligierement l'an veïssiés sachier,
mais ansois prist de son oignement chier,
sa gole prent qui gisoit el gravier,
mais ans qu'il puist amont lo chief drecier 1985
fut Renoars a son dos de derier;
une maçue li a del col sachié
qu'il ot pandue a .I. anel d'or mier;
toute iert de fer a grans bandes d'acier.
Cant Renoars la tint par lou hantier 1990
ne la rendist por l'or de Monpellier.

XXXVI

Renoars tint a .II. mains sa maçue,
il n'i a broche ne soit d'acier ague;
par grant proesce l'ait Loquifer tolue!
Ne la randist por cant c'a sos la nue! 1995
Ligierement la paumoie et derue,
et de ferir n'i ot plus arestue;
et Loquifers de maltalant tresue.
Grant fut l'estor es prés sor l'erbe drue.
Lor armeüre ont toute desronpue, 2000
del sanc des cors est la terre vestue;
la bataille est fierement maintenue.
Li jors trespasse, la nuit est parvenue,

LA BATAILLE LOQUIFER 85

    mais ancor n'est la bataille vencue;
    ansois en iert mainte palme batue.   2005
    Bien sont .XX.M. de la gent mescreüe;
    [n'i a celui ne porte lance agüe]   2006a
    [ou javelot ou espee esmolue]   b
    [ou grant plomée a çaïne pendue]   c
    por Renoart prendrë et metre an mue,
    an Tor Baldaire an la chartre mosue.
    Dist Renoars : "Ci a desconeüe!
    Loquifers, sire, ta loi est mal tenue,   2010
Folio 284 b   la covenance [de toi] est mal tenue;
    bien an doit estre t'ame [ansin] perdue,
    li cors honis et destrais a charrue! "
    Lors s'adossa a l'olive ramue;
    ans qu'il la perde sera chiere vendue!   2015

XXXVII

    Renoars voit venir païene gent,
    ans que pris soit an fera maint dolant;
    lo Sarrasin apela maintenant:
    "Loquifers, sire, ci a mal covenant! "
    Dist Loquifers, : "N'an suis liés ne joians,   2020
    done moi truës, et ge ti ansiment:
    je t'aiderai par mon chief loialment,
    ne te faldrai, par ma loi lou creant! "
    Dist Renoars : "Je l'otroi bonement."
    Truës li done par .I. tel covenant   2025
    que l'andemai[n] referont ansument,
    si con il sont, sans autre garnement.
    Et Sarrasin vienent inellement
    vers Renoart qui a cop les atant.
    Dist l'un a l'autre : "Cuvers, va, si lou
            prent! "   2030
    Sore li corent, ne furent mie lant,
    et Renoars la maçue destant;
    cui il consuit n'a de chanter talant;

2006a – c, *ms.* omits, emended after *BEF* –
2011, *ms.* omits "de toi", emended after *F* –
2012, *ms.* omits "ansin", emended after *F* –
See *APPENDIX H* for lines with which *ABEF* conclude
Laisse XXXVI and passage in *ABEF* before v.2008
lacking in *D* –

a l'asanbler en ocist plus de cent,
mais trop i a de la paiene gent: 2035
tot l'an menassent, par lo mien escïent,
cant Loquifers s'escria hautement:
"Fil a putain, malvais mastin puant,
mar i avés falsé mon covenent!
Fel soie jou se n'en prent vengement!" 2040
Plus de .V.C. en a mort maintenant,
et cil s'anfuient sans nul delaiement,
dec'a lor neis ne font arrestement.

XXXVIII

Quant paien voient que lor sire est irés,
inelement an fuient a lor nés, 2045
mais ans en ot Renoars .M. tiiés
et Loquifers .XV.M. efrontés,
et autretant an la mer getés,
et des chalans .IIII.XX. efrondés.
Tuit fussent mort cant il vint Desramés 2050
A Loquifer en est au piés alés,

Folio 284 c   et Sinagons et li rois Isorés,
Outrans de Nubles et li rois Giboés;
tant li proierent qu'il est adominés.
Li jors trespasse, soloil est aclinés; 2055
Loquifers ait Renoart apelé:
"Renoars, frere, avoc moi en venés,
si com or somes, n'en iert nul remüés."
Dist Renoars : "Si con vos conmendés,
mais fort redout que n'i soie anconbrés!" 2060
Dist li païens : "Ja mar an douterés,
car nel feroie por estre demanbrés."
Renoars est ansanble o lui alés;
an sa galie est o lui ostelés,
ses pere i fut et autres rois assés; 2065
estrangement fut del tot honorés.
Dist Loquifers : "N'en soit nus si ossés
que riens li face qui soit outre son gré."
No fisent il, tant par fut redoutés.
Sor lou rivage est Guillelmes remeis, 2070
Bertrans et Guis et des autres assés,

si fut Guibors qui lou cuer ot iré:
por Renoart en i ot .C. pasmés;
li cuens Guillelmes s'est forment dementés:
"Hé, Renoars, con vos m'estes anblés! 2075
Pleüst a Deu qui an crois fut penés
que ge la fusse ou vos estes menés!
Par cel apostre c'on quiert an Noiron Prés,
ansois avroie .M. Sarrasins tüés,
et ge meïsmes seroie demenbrés 2080
que ge soffrisse vos an fussiés monés;
or sai ge bien, tos suis deserités,
car, ans demain que soloil soit levés,
avrait ci tant de Sarrasins armés
dont cist païs sera [tres]tos poplés! 2085
Prise iert Oranges et li païs gastés,
et Gloriete, li palais signorés,
ja n'iert par nos garantis ne tansés!
Poi avrai gent ancontre tant malfé;
Dame Guibor, et car vos en alés, 2090
dec'a Nerbone, dame, n'i arestés!
Je vos suivrai et sous que si veez.
Folio 284 d Cant Renoars est pris, tos suis matés."
Dist Bertrans : "Oncles, or ne vos demantés;
ancor ne nos a pas Deus obliés, 2095
puis c'ansin est, se mon consail craeez,
o nos morons, ou Renoart revrés;
tout coiement anterrons an nos nés,
an chascune ait .M. homes adoubés;
bien sai ou est li chalans aancrés 2100
o Renoars doit estre anprisonés.
N'i a païens qui n'ait lou chief copé,
se Renoars est la dedens antrés;
an Deu me fi, bien sera delivrés,
et, s'il estoit de nostre part tornés, 2105
les Sarrasins vairiés desbaretés."
"Voir," dist Guillelmes, "si iert con dit avés."
Mais por noient est chascons efraés,
car Renoars ne s'est mie obliés;
ans ait Guillelme et ses homes mandés 2110
par Picolet qui de Monnuble est nés:

2085 *ms.* tos p. :   emended after *AF* —

88 LA BATAILLE LOQUIFER

"Amis," dist il, "a Guillelme en alés,
et si li dites qu'il soit asseürés,
car a demain est li chans afiés.
Je suis tos sains, si que bien lou veez; 2115
lui et Guibor et tos les salüés."
Dist Picolés : "Si con vos conmendés.
Se Loquifers veult, je irai assés."
Dist li païens : "Va, fait ses volantés."
A icest mot est Picolés tornés; 2120
plus tost noe outre que n'est .I. cers ramés.
Li cuens Guillelmes iert ja tos aprestés
cant Picolés est de mer essüés;
devant Guillelme est li Turs arestés;
ja palera con ja oïr porés: 2125
"Sire Guillelmes, li marchis au cor nés,
Renoars est o Loquifer alés;
sains et sals est et molt [est] honorés.
A lou matin est li chans devissés.
Bien iert tes drois garantis et tensés, 2130
car li paiens est ja forment lassés,
et des grans cos travailliés et penés,
mais Renoars n'est tant ne cant lassés;

Folio 285 a bien lou vaintra, j'ai ja mes sors jetés."
"Deu! " dist Guillelmes, "Deus an soit
aorés! " 2135
Cil s'an torna, et li cuens est remeis.
Es vos les nos trestos asseürés;
mais de ce fist Guillelmes que sanés,
bien fist guaitier et passages et gués.

XXXIX

En la galie vint Picoles aieres. 2140
Des biaus tortis fut molt grant la lumere,
et Renoars tint levee la chiere;
voit Picolet venir par la charriere,
il l'apelait a haute vois planiere:
"Vien sai a moi, ne te trai pas aiere. 2145
Que fait Guillelmes, li marchis Bracefiere?"
Dist li païens: "N'i a mestier proiere!
N'ait tel baron dec'au pors de Baviere.

2128 *ms.* e.m.h. : emended after *B* —

Veoir porois o lui mainte baniere,
hardie gent et de mainte maniere. 2150
Il jure Deu et lou baron saint Piere
que, se paien ne s'an revont aieres,
n'an partira, s'an fera mainte biere."
Dist Desramés : "Molt iés or mensongiere;
mais, par Mahon, ne remenra antiere 2155
la Tor d'Orenge qui est haute et planiere,
si an trairai fors la putain sorciere;
arse sera an .I. feu d'aiglantiere,
car erré a conme feme ligiere."
Dist Renoars : "Trop iés fos et lichiere! 2160
Or as palé a loi de chanberiere
cant ma seror maldis que tant ai chiere! "

XL

Renoars ot son pere Desramé
qui si menace dan Guillelme au cor neis,
et sa seror ardea en .I. rés; 2165
molt fierement a son pere esgardé,
malvais coart soffrant l'ait apelet,
apres jura lou baron saint Privé;
"N'iert or por ceu que truës ai doné,
si m'eïst Deus, mar l'eüssés pansé! " 2170
Desramés l'ot, si l'a bastart clamé.
Renoars salt, qui ja l'eüst cobré
cant li baron li sont ancontre alé:
et Renoars en a .I. si frapé,
del gros del poing l'a [si] bien assené 2175
que lo maistre os li a del col volé,
devent ses piés l'a mort acraventé.
Sarrasin saillent, ja l'eüssent cobré,
mais Loquifers en a Mahon juré
se uns s'an meut, i l'avera tué. 2180
"Fil a putain, molt par fustes ossé
cant devent moi l'avés de rien iré.
Par Mahomet, se ja n'est amendé,
ja serés tuit de ma part defïé."
Desramés l'ot, tout a lou sans müé. 2185

2175 *ms.* si *om.*: emended after *E* —

Outrans de Nubles et Tiebauz li Esclers,
ansanble o lui .XV. roi coroné,
a Renoart an sont au piés alé;
mercis li prient, i lor a pardoné,
apres li ont riche don presanté; 2190
Tiebauz li a Arabe presanté,
mais qu'il guerpisse Guillelme et son barné.
Molt longement l'ont ansin sermoné.
Dist Renoars, : "Ja n'iert par moi pansé
que je guerpisse Jhesu de Majesté!" 2195
Ansin lou laissent desi a l'ajorner.
Loquifers ait a mengier demandé,
et on li a richement apresté,
Et Renoars sist delés son costés;
ans qu'il s'an aillent, s'ont ansanble diné; 2200
cant ont méngié tot a lor volanté
el batel font lor armes aporté.
Loquifer ont a Mahon conmendé,
Renoars ait son pere defïé,
et tos les autres, a tant [s'an sont torné] 2205....
fors s'an issirent cant furent arrivé;
l'un fut les l'autre tot droit en mi lo pré.
Molt par sont grant et corsu et quarré,
ansin grant home ne furent honques né;
mais Loquifers ot plus de cors assés, 2210
et si fut graindes .I. [grant] pié mesuré.
Li Sarrasins avoit a son costé
les .III. espees qui sont de grant bonté,
et a son col sont estuit assanblé,
[et] au tardis sont si quarrel bouté 2215
sa grant plomee a a son col geté,
et son picois de bon acier tenpré;
misericordes a çaint a son costé,
an son dos furent .III. bon haubert safré;
molt laidement estoient depané, 2220
car Renoars i avoit ja esté;
n'i avoit cel ne fust escartelé.
Li Renoart furent mal atiré,

Folio 285 c

2205, _Ms._: 'e.t.l.a.l'ont san destorné': emended after _BF_ —
2211, _Ms._ omits 'grant': emended after _B_ —
2214, Cf. _B_'s : "E.a.s.c.i. ot il armes assez" —

et ansin furent li [ados] malmoné
et anpiré, que tuit sont depané. 2225
Li Sarrasins fut de molt grant fierté;
il tint la loque de fin acier tenpré
qui pesoit bien .V. grans sestiers de blé.
An son lou chief fut l'oignement possé
qui valoit l'or de la crestïenté; 2230
et Renoars au corage aduré
tint la masue qu'il tint an grant chierté.
Ansois qu'il ait son cop amont levé,
Loquifer a bellement apelé:
"Sarrasins, freire, ansanble avons disné; 2235
molt iés loias et plains de loiauté
se tu creüsses Jhesu de Majesté
et an la Vierge qui lou porta charnel;
ber, croi an Deu, si serons acordé!
Par ti seront païen crestïené." 2240
Dist Loquifers : "Molt te voi asoté,
je n'i cresroie nes c'an .I. grain de blé,
car ice deu n'a point de poesté;
qui an lui croit, molt a lo sans desvé.
De tos les biens dont nos avons parlé, 2245
te defi ge de Mahomet, mon dé!"
Dist Renoars : "Molt m'as hui defïé,
si fais jou toi." Atant sont defïé.
N'i a celui n'ait son cop antesé,
de bien ferir sont molt antalanté. 2250
François les ont de Porpaillart miret,
tuit li baron ont lor corpe clamé;
sor tos les autres a Guillelmes oré
que Dex ait hui de Renoart pité,
que Loquifers ne l'ait mort n'afolé. 2255

XLI

Or sont ansanble li vasal an la pree.
Renoars tint sa maçue antesee,
fiert Loquifer a la chiere menbree
amont sor l'iaume par molt grant aïree;
froissiés estoit, la mace est avalee, 2260

2224 ms. li dui malmone: emended after E —

par mi lou safre est contreval colee,
dec'a la terre n'i a fait demoree;
lou test li froisse, la char est entamee,
bien plaine paume est an la teste antree,
de la cervele dedens li a ostee, 2265
mien essïant, plus d'une basinee,
si que la mace en fut ansanglantee;
l'erbe en est roge, tainte et encoloree.
Dist Renoars : "Une an avés portee!
Car croi an Deu qui fist ciel et rosee; 2270
se tu meurs puis, t'arme sera salvee."
Loquifers l'ot, s'a la gole baee,
par mi la bouche geta une fumee
con fait fornesse cant elle est anbrasee.
L'oignement prist an sa loque quaree, 2275
sa teste en oint, molt tost l'ot resanee.
Ancontremont a sa loque jetee,
fiert Renoart par molt grant aïree,
ne mie a plain, car il l'ait trestornee;
defors lou col est la loque tornee. 2280
[Tote] li a la brogne depanee
et la char route par delés l'eschinee;
li sans an chiet a molt grant randonee.
Li cos descent par molt grant aïree;
dec'a la terre si parfort l'a foree, 2285
plus d'une toise est dedens antree;
ligierement l'an traist sans aïree.
Se Renoars l'eüst bien assenee,
mien escïent, sa vie fust finée,
froissié l'eüst desi an l'eschinee. 2290
Sainte Marie a li bers reclamee:
"Ahi," dist il, "roïne coronee,
car aanplis hui cest jor ma pansee,
que avoir puisse sa grant loque quarree,
ja li païens n'averoit mais duree: 2295
miolz voil morir que ne li soit ostee
la teste o l'iaume partie et desevree.
Ancui sera ma proesce esprovee,
apres ma mort en iert grant renomee,
bone chanson en iert ancor chantee." 2300

2281 *ms.* i l.a l.b.d.: emended after *ABF* —

XLII

Renoars fut hardis et corageus,
et de la loque avoir fut covoitos;
sa mace antoise, molt fut inels et pros;
lou Sarrasin asault conme li lous,
grant cop li done qui molt fut vertuous   2305
par mi les janbes qui les ront anbedous;
li Sarrasins chaï molt dolerous,
l'oignement prist, si s'an est [oins] li fous;
lors fut tos sains, ne sant mal ne dolors,
n'i parut plaie an ses janbes ne trous.   2310
Dist Renoars : "[Vrais] Dex, car me secors! "
Es vos .I. ange qui descent antr'aus dous,
i li a dit : "Ne soiés paorous,
je suis o toi, [tu] n'i es mie sous;
ancui sera li païens vergonoous,   2315
et Desramés et Tiebauz coroçous.
De ta conqueste iert aconplis li vous."
L'ange s'an torne, Renoars remest sous.
Li uns d'ous dous sera ja coreçous.

XLIII

L'ange s'an torne, si s'est mis an la nue,   2320
et Renoars antosie sa maçue
qui toute estoit de fer faite et fondue;
mainte grant broche i ot de fer agüe,
molt i eüst a traire une charrue.
Loquifers a sa grant loque estandue,   2325
et Renoars l'a si forment ferue
que de son cop en est la flame issue;
li fers ploia, mais l'acier ne remue;
a Renoart est molt mal avenue;
par mi la loque est route la masue   2330
ens el mileu ou elle estoit ronpue.
Cant Renoars voit rote sa masue,
trestos li sens de fierté li remue;

2308 *ms.* "çains", emended after *ABF* —
2311 *ms.* "veraies" —
2314 *ms.* omits "tu", emended after *ABE* —

Folio 286 b

li cuers li monte, force li est creüe,
ceu qu'il an tint jeta sor l'erbe drue. 2335
Dist li païens : "Grant poine t'est creüe,
ja de ton deu n'averas mais aüe!
La bataille est a cestui cop vencue! "
La loque antoise qui fut d'acier fondue,
et Renoars saut con falcons de mue: 2340
li cos descent, la terre a si ferue,
ansois qu'il ait fors traite sa maçue
l'a saissit cil qui proesce salue,
c'est Renoars qui Deus soit en eüe,
si que la loque li a des poins tolue; 2345
as bras lou prent, contre terre lou rue.
Li Sarrasins fut fors, si s'esvertue;
il saillit sus conme beste israscue
par tel aïr c'une coste a ronpue.
Huimais orés luite bien maintenue, 2350
ans par nul home ne fut telle veüe.

XLIV

Renoars tient Loquifer anbracié,
par grant vertu l'ait enviers li sachié,
.I. tor li fait, si l'a agenoillié;
cil se redresse, qui ot lou cuer iré, 2355
par mi les flans a Renoart lacié
par tel vertu l'a anvers lui sachié,
por poi les iolz ne li a fors sachié;
mais Renoars li a lou col guenchié,
si fiert lou Turc an son flanc senestrier, 2360
pour .I. petit qu'il ne l'a mehaignié.

XLV

Grant fut la luite an mi lou pré herbu.
François la virent et païen mescreü
sovent reclament Mahomet et Cahu.
Li Sarrasins ot molt lou cors menbru 2365
mais Renoars fut de mellor vertu,
car il creoit el digne non Jhesu;

2361, For gap in *D* from v.2361, see *APPENDIX I* —

Loquifer torne et sovent et menu,
et li païens lou fiert de tel vertu,
por poi l'auberc ne li a desronpu;   2370
Renoart a bien .X. fois abatu,
mais ne li valt la monte d'un festu.
Renoars n'ot pas lou cuer esperdu;
ansin lou leve conme oisel fait glu;
tant le porsache que tot l'a recreü,   2375
et si maté et si fort confondu,
par mi la boche li fait voler lou feu.
Tex est s'alaine cant il avoit coru;
il apelait Pilatre et Belzebu
qu'i lou secorent, et il i sont venu   2380
plus de .C. lues outre Bones Artu;
chascons aporte .I. anbrasé seü,
lou pret alument, si ont levé lou hu,
et Renoars ot .I. brief asolu,
escrit i sont li digne non Jhesu;   2385
si lou garda, n'orent sor lui vertu.
Cuers li revint, ans si hardis ne fut;
lou Sarrasin a estraint, nu a nu,
ausin lou lieve conme .I. rain de seü,
par tel aïr l'a en terre anbatu,   2390
dec'au braier est il dedens chaü;
lors li desaint les brans d'acier molu,
.III. en i ot qui valent Mont Agu;
ce est Recuite qui Alixandre fu,
lo mellor roi païen qui onques fu,   2395
et Dolereuse qui fut Roi Chapalu,
s'i fut Hidose qui fu faite a Val Bru
c'est une terre ou li home sont nu.

XLVI

Quant Renoars ot tant lou Turc moné
qu'i l'ot an terre dec'au braier bouté,   2400
les .III. espees li desçaint del costé;
n'i a celui ne vaille une cité,
forment en a grant joie demoné.
Molt fait que fos, trop est asseürés,
car Loquifers ait son cuer relevé,   2405

de la grant laste fut auques reposé;
a haute vois a Sathan apelé,
et Belzebu et Pilastre et Barré;
et cil i vienent, de terre l'ont levé;
mais il n'ont mies Renoart habité 2410
por lou bon brief qu'il avoit aporté.
Cant voit celui qu'i li est eschapé,
et de la terre est issus et levé,
a sa plomé avoit sa main jeté
qui bien pesoit .I. grant sestier de blé, 2415
car ansin l'ont aidié li vif malfé

Folio 286 d ki sont venu d'anfer deprisoné
qui l'ont davent et conduit et moné.
Et Loquifers a son cop antesé.
Dist Renoars : "Or ai trop demoré; 2420
voirement dit li vilains verité,
grainde mal font diable que malfé;
se cist m'atoche, il m'avra ja tüé."
Les .III. espees a çaint a son baldré;
cant tint la loque, plus fut asseüré 2425
que s'on l'eüst an Orenge anserré;
Loquifer n'a de noient redouté,
par mi son hiame li a grant cop doné,
lou test ot dur et espés et serré,
a molt grant poine l'ai il quassé 2430
car li diable l'avoient alené,
et nequedant tot l'a jus aterré.
A l'autre cop l'a tout escervelé,
deque an terre esm̃ie et froé,
si que lou cuer li a el cors crevé, 2435
et an .I. mont l'a mort et craventé.
Et li diable sont an fuie torné,
cil les anchauce qui nes a pas douté;
par mi la teste a conseü Barré,
de la grant loque ait Renoars frapé 2440
si que li a lou chief escartelé,
puis passe avent, an la mer l'a bouté;
n'en ocist mie, mais il l'ait afolé
c'onques puis n'ot envers gent poesté.
Il n'avoit mie lou cuer trop aïré, 2445
"Monjoie! " escrie, "j'ai lou chanp acuité! "

LA BATAILLE LOQUIFER

Signa son chief, si a Deu aoré,
puis trait Recuite au pont d'or noïelet;
a Sarrasin en ait lou chief copé,
lou branc esue, el feure l'a bouté. 2450
Paien lo voient, si ont lou cri levé:
"Or tost, as armes!" dist Tiebauz li Esclers,
"Moilz voil morir, c'an voist a salvetés!"
En petit d'ore sont paien adoubé,
plus de .C.M. ont l'ile avironé 2455
et autretant ont vers terre siglé;
mais cil d'Orenges lor sont [a l']ancontré,

Folio 287 a   car Renoars en a tant lapidé
que la moitié n'an avroie hui conté.

XLVII

Grant fut l'estor et ruiste l'anvaïe. 2460
Dist Renoars : "Dame sainte Marie,
guarissiés hui et mon cors et ma vie
que jai paien n'aient sor moi baillie!"
Il tint la loque qui est d'acier marsie,
tant a ocis de la gent paienie 2465
que la grant presse en est tot jonchie.
Atant es vos Tiebaut d'Esclavonie,
o lui .XX.M. de sa chevalerie,
n'i ait celui n'ait la broigne vestie;
et Renoars les afronte et esmie; 2470
ansin lor vient con falcons fait la pie,
car a ses cos n'ait paiens guarentie.
Et Desramés a la fuie acoillie,
inelement antra an sa navie;
et Renoars a si l'ille voidie, 2475
ne remaint Turs ne fuie an sa galie.
Li jors trespasse et vient a l'anserie;
li cuens Guillelmes ne s'aseüra mie,
il et Bertrans a la chiere hardie;
an la nef antre qui fut aparaillie, 2480
n'ont que .XX. homes an la lor conpaignie,
n'en moinent plus, ce est grant musardie;
inellement ont lor ancre sachie,

2457 ms.: l.s.a.: *emended after AF* —

desi a l'ille n'i ot voie marrie;
Renoars cuide ce soit gent paienie, 2485
ancontre vient, sa grant loque anpoignie;
ja fussent mort et lor nef peçoïe,
mais li marchis Guillelmes li escrie:
"Renoars, frere, ne vos esmaiés mie!
Je suis Guillelmes qui te vient en aïe, 2490
.XX. chevaliers ai an ma conpaignie! "
Renoars l'ot, s'a la chiere drecie:
"Sire," dist il, "Jhesu vos beneïe!
Tant con ge aie ceste loque saissie,
ne crien ge Turc ne païen de Persie, 2495
car, pleüst Deu, lou Fil sainte Marie,
que a Orenges fussiés o vos navie
et Sarrasin l'eüssent asigie,
jamais li oz ne seroit revertie

Fo. 287 b s'an averoie a .M. tolut la vie 2500
a ceste loque qui miolz valt de Pavie.
Ne la donroie pour toute Lonbardie;
bien soit de cel qui telle l'a forgie,
ja pour cop d'arme ne sera anpirie!
Se Maillefer vit par ansesserie, 2505
je li donrai, bien sera anploïe;
il est mes fis, molt avra baronie."
Guillelmes l'ot, ne puet müer ne rie.
La belle lieve et la nuit fut serie
et gent païene sont es nes estormie. 2510
Cant Desramés fut la raisson noncie
que li marchis qui tant a baronie
estoit en l'ille a petite maisnie,
n'i ait que .XX. de sa chevalerie,
Desramés l'ot, a haute vois escrie: 2515
["Or tos as armse, franc[h]e gent signorie!] 2515a
[Par Mahomet que on aeure et prie,] b
[Qui me faura, pas n'est de ma mesnie.] c
[Or voel Guillelmes ait la teste tranchie,] d
[Et Guibors soit ens en la mer noïe."] e
[Paiene gent ont soné la bondie:] f
[La lune est orbe et la nuis est poisie.] g
[Desramés a sa mesnie huchie,] h

2509: l.nuit fu bele e.l.lune s. *AE* —
2515 *a—h om.*: emended after *E* —
See *APPENDIX J* for Laisses XLVIII a to f peculiar
to *E*, preceding v.2536 of *D* —

LA BATAILLE LOQUIFER 99

Tote l'ile ont anviron arengie.
Or est Guillelmes an telle anfermerie,
n'an istra mais, s'averait grant hachie.
Ansin con l'aube del jor fut esclarcie,
li cuens Guillelmes a la chiere drecie, 2520
vit de paiens mervaillose maisnie:
anviron lui l'ont la mer si bargie
de neis, de barges et de gent païenie,
et est si pres l'un de l'autre atachie:
"Dex," dist Guillelmes, "Dame sainte Marie, 2525
Nomini Dame, con nos est aprochie
ses nes, ces barges et ces gent paienie;
se Dex n'an panse, molt est corte no vie."
Dist Renoars, : "Ne vos esmaiés mie,
ne soit pansé .I. mot de coardie; 2530
dont n'avons nos molt belle praierie?
se fains ne soif nos destraint ne arguie,
de la vitaille, qui c'an plort ne c'an rie,
vos donrai jou se a droit est partie,
se Sarrasin ne l'ont tote anglotie." 2535

XLVIII

Guillelmes est en l'ile, an mei lou preit,
et Renoars au corage aduré,
ansanble o lui .XX. chevaliers armé;
de Sarrasins sont si avironé,
ne voi conment il soient eschapé, 2540
se Deu n'en panse par la soe bonté.
Otrans de Nubles apela Desramé:
Fo. 287 c "Sire," dist il, "mervailles ai pansé
arsoir, an l'air cant il fut avespré
et vi el ciel cant il fut estalé 2545
que Renoars a .I. fil anjandré,
de coi sa mere ot overt lou costé;
pour sou c'a fer fut de sa mere osté
ont il l'anfent Maillefer apelé;
niés est Guillelme et de son parenté. 2550
Si vos di bien par droite loialté,
ne nasquit hons de la soie bonté.

2522 *AE* chargie

Qui ce poroit que il l'eüst anblé.....
[Par Mahomet bien avroit oiselé] 2553 a
[par lui seromes a son pere acordé.] b
[Tant qu'andui fussent en Espaigne mené] c
[par traïson fussent la demenbré.] d
[Se par einsi ne somes delivré] e
[mort sont païen et a lor fin alé! "] f
[Desramés l'ot, tot a le senz mué:] g
[Picolet a devant lui amené,] h
[et si li prie, par molt grant amisté] i
[qu'il li dorra une riche cité,] j
[mes que li fiz Renoart soit enblé!] k
Dist Picolés : "Ou l'a on anfermé?
Ja n'iert tel leu, jel sai de verité, 2555
que nel vos rande demain ans l'avespré."
Desramés l'ait durement mercïé,
la tor li mostre, si'li'ont devissé;
cil s'an torna, n'ait congié demandé.
Il salt an l'aigue, s'ait lo flot trespassé, 2560
antredos [ev es] noe plus tost que cers ramé,
vint a la tor, si passait lou fossé :
et dist son charme, molt tost sont defermé
trestuit li huis, et il est ans antré;
ne parut mie do jor [nule] clarté, 2565
il vint a feu, .I. cierge ait alumé;
n'ot an la sale home de mere né,
fors .II. norrices et .I. clerc ordené.
Tant quist leans qu'il ait l'anfent trové;
devent lui ot .IIII. cierge alumé. 2570
Les dames l'orent baignié et conraé,
Picolet voient, si se sont escrïé,
car laidement lo virent figuré;
l'anfent guerpissent, an fuie sont torné,
et Picolet a tost l'anfent cobré; 2575
n'avoit ancor par demi an passé.
Cant cil lo prent, l'anfent a regibé,
de son piet destre l'ait si el flanc hurté
que devent lui l'abati anversé.

2553 a to k omitted emended after *A* —
2561 antre .II. nés *B* : eves *A* —
2565 ms. d.j. 'la' c.: emended after *E* —

LA BATAILLE LOQUIFER

Fo. 287 d

Dist Picolés, : "Or i soient malfé! 2580
Ans mais ne vi anfent de tel aé
qui de .C. pars eüst tel poesté."
Par droite amor l'a .III. fois acolé.
Atant s'an torne cant l'ot anmaillolé;
an la mer salt, si a desus floté. 2585
Molt noe tost, et n'est pas efrondé,
et de l'anfent n'ait .I. point adesé,
si lou rendit Tiebaut et Desramé,
et cil lou donent l'amiral Charbouclé.
An Loquiferne l'an ait o lui moné; 2590
norir lou font bellement et soef.
Miolz lor venist qu'il l'aüssent tüé,
car puis an furent honi et vergondé.
Or devons bien de Guillelme chanter,
de Renoart qui an l'ille est remeis. 2595

XLIX

"Sire Guillelmes," dist Renoars li ber,
"Je ne voil plus, par ma foit, demorer;
ne fait mie bon lonc tens si sejorner,
car nos n'avons de coi puissons disner,
se ne poons sor paiens conquester; 2600
tant con ge vive, ne vos esteut douter!
Je voi Guibor sor celle rive ester,
ma belle suer que ge doi tant amer;
por nos la voi larmoier et plorer,
forment m'en poise, je l'irai conforter; 2605
or nos covient nos proesces mostrer
et tos ces autres as ruites cos doner.
Se nos poons ces Turs debareter,
a grant proesce lo dovroit on torner."
Et dist Guillelmes : "Molt faites a loer." 2610
A lor nef vienent qu'i la cuident trover;
mais d'une lance n'i porent abiter;
sa loque boute Renoars an la mer,
son eseul prent, s'i est laissiés aler;
.XXX. piés est saillis dedens la mer, 2615
an mi la nef saillit sor les Escler,

See *APPENDIX K* for passage in *ABE* following v.2593 of *D*

Fo. 288 a

de sa grant loque conmence a governer;
vint a Guillelme, sel fist dedens antrer,
et tos les autres nel volt mie oblïer;
lors conmencierent a nager sans sigler, 2620
mais il ne porent guares longes aler,
car de païens fut coverte la mer;
et Renoars lor va grans cos doner,
froisse ces mals et ces neis fait quasser.
Paien lo voient, n'i ossent demoreir, 2625
li plus hardis est an fuie torneis;
vers Porpaillart conmencent a aleir,
et Renoars lor va grant cos doneir;
païen nel porent soffrir ne andurer,
an [fuies] tornent por lors cors a salver; 2630
molt par sont lié cant il issent des neis.
Tiebauz d'Arabe se volt forment pener,
an sa conpaigne .XXX.M. d'armés;
li rois Tiebauz an voit Guibor aler
tout lou sablon, n'ot chauce ne soleir, 2635
il point vers li, si conmence a crïer:
"Ahi, Orable, ne porés eschaper!"
La dame l'ot, si conmence a tranbleir;
tel paors ait, ne pot sor piés ester,
la Mere Deu prist mercis a crïer 2640
que la secore car pres est de fineir.
Li rois Tiebauz [si] conmence a crïer
por dame Orable que il en vit aler;
de son cheval est molt tost demontés,
il vait Guibor par les tresces cobreir, 2645
par lou sablon la prent a traïner
si que sa robe en covint desirer,
et elle prist Jhesu a reclamer:
"Sire Guillelmes, ou estes vos alés?
Bien lou puis dire et por voir afier, 2650
se ci fussiés, par Deu de Majestés,
ja li païens ne s'an poïst gaber!"
Devers Orenges est [rois Tiebauz] tornés.
Quant traïnee ot dan Guibor Tiebalz
c'an .XXX. leus an fut ros ses blïauls, 2655

2630, ms. "an fuient", emended after AE —
2642, ms. omits "si"
2653, ms. "est esroit t.", emended

elle s'escrie : "Fel cuvers deloias,
por coi m'ocis? De Deu te vigne mals! "
Es Desramés atout .IIII. amiras.
Tiebalt escrie qui de crïer fut bals:
"Bailliés moi sai la putain deloias! " 2660
Il trait l'espee dont d'or fut li poignals.
Ja l'eüst morte, ne fust Esclarīas.
La nuit fut prise Guibors au cuer loias.
Desramés l'ait, cui Dex otroit grant mals!

LI

Or ont païen la terre arse et gastee, 2665
Fo. 288 b   de Porpaillart ont la tor craventee,
la ville ont arse, essillie et gastee.
Devers Orenges ont lor voie atornee;
la nuit herbergent dedens une valee.
Desramés jut an sa tente listee, 2670
devent lui fut Guibors anprisonee;
n'est pas mervaille s'elle iert espoentee,
que bien cuide estre [et] arse et anbrasee.
Mais Nostre Dame ne l'a mie oblïee;
la nef Guillelme est au port arrivee, 2675
a Porpaillart est arrere tornee;
Renoars voit sa terre arse et gastee
et sa tor voit a la terre versee;
et on li a la novelle contee
que ses filz est anblés, dont dolor a monee; 2680
por son fil a grant dolor demonee!
Li cuens Guillelmes regrette s'espousee.
Renoars prist sa grant loque caree,
chascune nef a si mal atornee.
Une novelle li a .I. Turs contee, 2685
c'an Loquiferne est une neif alee
ou ses filz est, c'est verités provee;
Tiebalz en ait sa feme remenee
droit vers Orenge ersoir a l'avespree,
et Desramés est pres de la contree; 2690
soz Panevaire a sa gent ostelee;

2673 *ms.*: estre a.e.a.: *emended after AE* —
See *APPENDIX L* for passage in *ABE* following v.2665
of *D*

la est Guibors la contesse honoree,
demain doit estre a chevas traïnee.
Ot lou Guillelmes, s'a la color müee,
Bertrans ses niés en ait estraint s'espee, 2695
et Renoars a sa mace entesee,
les dens estraint par molt grant aïree.
Les chevals trovent estraier par la pree
dont li baron gessent gole baee.
Renoars ait sa loque bien trosee 2700
sor .I. cheval a la crope tilee.
Guillelme apele, si dist raisson menbree:
"Sire," dist il, "or oés ma pansee!
Bataille avrons, et fiere et aduree,
mais ja mes peres n'avra par moi colee; 2705
se vos a lui voles a la mellee,
et vos la teste li copés a l'espee,

Fo. 288 c   toute la faite vos an soit pardonee! "
Atant s'an torne, poignant de randonee.
Ans que la gent soit bien par l'ost levee, 2710
en a fait Renoars telle lapidee,
li cuens Guillelmes a 'Monjoie' escriee;
Desramés ait celle ansaigne escoutee,
inelement a la brogne andossee;
la contesse a par les chavox cobree: 2715
"Haï," dist il, "orde pute provee,
tante jovente sera par vos finee! "
Inelement mist la main a l'epee;
ja li eüst jus la teste copee,
mais la contesse a sa vois haut levee, 2720
la Mere Deu a sovent reclamee;
Guillelmes l'ot, si l'a bien escoutee,
celle part vint poignant de randonee;
a sa vois crie a molt grant alenee:
"Cuvers vellars, or l'avés trop menee! 2725
Par cel Seignor qui fist ciel et rousee,
mar la baillastes, chier sera conparee!
Desramés l'ot, s'à la color müee;
li sens li fuit, s'ait la rene tiree,
mais a Guillelme est sa vertu doblee. 2730

LII

Li cuens Guillelmes a veü sa moillier
que Deramés velt la teste tranchier;
se il l'an poise, nus n'en doit mervaillier.
I li escrie : "Mar l'osastes baillier!
Si m'eïst Dex, tu lou conparras chier!" 2735
Desramés l'ot, lou sanc cuide changier.
Dist a Guillelme : "Mar l'osas chalangier,
car, se ge puis de l'espee esploitier,
et toi et li volrai ge destranchier;
ja li tens Dex ne te pora aidier! 2740
Je te defi por ta loi abaissier,
qu'elle ne valt la monte d'un denier!
Tuit cil sont fol qui se font baptisier!
De par Mahon la voldrai chalangier,
si voirement me puist il hui aidier, 2745
con ge di voir, et t'i dont anconbrier!"
"Glos," dist Guillelmes, "laisse ton plaidoier,
je te defi del verai justisier!"
Atant se traist an sus por elongnier.

Fo. 288 *d* Dame Guibors se trait fors del santier; 2750
devent lui voit .I. baston de pomier;
la gentis dame ait saissit lou levier,
puis s'est assisse dedesoz l'olivier;
se mestier est, Guillelme veult aidier
de cel baston, se il an a mestier. 2755
Rois Desramés lait coure lou destrier,
et li marchis lou bon ferrant corsier;
l'un ne velt l'autre de n'ient esparnier,
grans cos se donent es escus de cartier,
desoz les boucles les font fraindre et percier, 2760
et les haubers desronpre et desmaillier;
les les costés font les fers nus chacier.
Outre s'en passent li baron chevalier,
chascons conmence lou bon branc a sachier;
en dan Guillelme ot molt bon chevalier; 2765
hardiement se vont entracointier.
Desramé fiert sor son hiame gemé
pieres et flors en a jus craventé(r)
dec'aus espaules cola li brans d'acier;

li cos fut grans, descent sor lou destrier, 2770
ens ens .I. mont a fait tout trabuchier.
"Glos," dist Guillelmes, "cist vos seit chastoier;
ja, se Deu plaist, ne varés l'anuitier,
ans vos avrai lou sicle fait changier! "
Dame Guibors conmença a huchier : 2775
"Sire Guillelmes, aiez lou cuer antier
venge ta feme, s'an feras a proisier! "

LIII

Quant Desramés voit son cheval ocis,
teil deul en a, a pou n'enrage vis.
Inelement est an piés resaillis, 2780
puis trait l'espee dont li pons est forbis,
dist a Guillelme : "S'or estiez si hardis,
car descendés o moi en cest laris,
dont vos tenroie por vasal de grant pris!
Plus grant honor avras se dont m'ocis, 2785
car or n'est mie li geus a droit partis."
"Voir," dist Guillelmes, "si sera con tu dis,
faire te voil ce que tu m'as requis."
Guibors s'escrie : "Guillelmes, frans marchis,
ne croire mie cest gloton antecris, 2790
car il ne quiert fors an mains t'aüst pris!
S'il te tenoit, ce li seroit a vis
en petit d'ore t'avroit mort et ocis,
car si fort home de tes iolz ne veïs,
fors Renoart dont il est molt haïs, 2795
et Loquifer qui mors est et fenis!
Nel croire mie, c'est .I. diable vis! "
Desramés l'ot, a poi n'enrage vis;
inelement est a Guibor saillis,
ferir la cuide del branc d'acier forbis, 2800
mais la contesse qui tant est seignoris
son baston hauce par mervaillox aïr,
fiert sor lo branc qui des poins est saillis
Li rois s'abaisse, mais ans qu'i l'ait repris,
lou fiert la dame se sor l'iame vergis 2805
qu'une grant pesse en jut tos estordis.
Voit lo Guillelmes, si li a fait .I. ris,

"Dame," dist il, "de Deu .V.C. mercis,
or voi ge bien que ge suis vostre amis;
de vos aidier suis molt antalantis! " 2810

LIV

"Sire Guillelmes," dist li rois Desramés,
"de vaselage estes molt alosés,
mais, par Mahon a cui ge suis donés,
n'en a pas tant con an an dit d'assés;
li leus n'est pas si grans con est crïés. 2815
Conment diable, n'est ceu grant cruialtés
c'ancontre moi endous vos conbatés,
vos et vos feme, dont ge suis vergondés?
Par Mahomet, tot estes asotés
cant la putain en vostre lit metés; 2820
plus de .XIIII. l'ont maintenue assés,
molt estes vis cant vos la maintenés,
car plussor dïent que cols estes provés! "
"Voir," dist Guillelmes, "cuvers, vos i mentés!
Mar lou pansastes, car chier lou conparrés! " 2825
Li Turs respont : "Bien sai que vos mentés,
mais, par Mahon, del tot el palerés;
se del cheval a pié ne descendés,
ja li metrai m'espee ens es costés! "
Et dist Guillelmes : "Por moi ne l'ocidrés! " 2830
Lors descendit Guillaume o lou cort neis,
il vint a l'arbre qui halz est et ramés,
si l'atacha par les renes doublés;
de Guibor fut dolcement acolés:
"Sire," dist elle, "envers moi entendés! 2835
S'onques m'amastes, ici lou me mostrés! "
Et dist li cuens : "Sor belle, entendés,
car, se Deu plaist, qui an crois fut penés,
ancui en iert li siecles delivrés."
Atant s'an torne, au païen est alés; 2840
l'escut anbrace qui bien est enarmés,
et trait Joieuse dont li brans est letrés;
pas avent autre vint li cuens abrivés,
et Desramés revint toz aïrés;
devent son pis est ses escus tornés, 2845

et trait l'espee dont l'aciers fut tenprés;
s'ons la portast qui fust crestïenés,
ja li suens cors ne fust en chanp matés.
Or faites pais s'antendre me volés,
fiere bataille et ruiste oïr porés; 2850
onques ancor Guillelme o lou cort neis
par .I. sol home ne fut si agrevés
con il fut si, c'est fine verités.

LV

Or sont li dui en l'estor a pié;
chascons d'iaus tint son escut anbracié, 2855
n'i a celui qui n'ait lou branc sachié;
li uns n'ait l'autre de nïent espargniet.
Aus brans forbis se sont entracontié;
tuit lor escut sont fandu et persié,
et lor vert hiame enbarré et froissiet; 2860
molt fierement ont andui chaploié.
Et d'autre part sont li cri anforcié
aval par l'ost del pople renoiet;
et Renoars en ait tant trabuchié
a son tinel qui est de fin acier, 2865
jamais li .C. n'en seroient prisié!
Plus d'une lue an sont li chanp jonchié.
Li cuens Bertrans n'en a nul esparnié,
mais de l'ocire a tot lou branc sachié
et bras et pons an sanc vermail baignié; 2870
et li .XX. autre s'i sont bien acointié.
Païen s'an fuent, li cuvert renoié,
ans mais ne furent paien si esmaié;
mais Renoars n'en a nul enchaucié;
li bers s'areste, s'a Bertran araisnié, 2875
et tos les .XX., si les a ralïé,
de bien ferir les a forment prïé:
"Baron," dist il, "ves l'estor enforcié!
ne vi Guillelme puis qu'il fut esclarié;
cant ge nel voi, molt ai lou cuer iré!" 2880

LVI

Dist Renoars : "Molt ai lou cuer iré
por dan Guillelme, lou chevalier menbré,
que Sarrasin ne l'aient mort geté.
Sire Bertrans, por sainte charité,
querons Guillelme tant que l'oions trové. 2885
Cil Sarrasin sont tuit debareté,
jamais par home ne seront rasanblé.
Se Damedeu nos avoit destiné
que raüssiens lou marchis en santé,
demain seroient tuit mort et afolé." 2890
Atant s'an tornent tuit rangié et sarré,
et ont les loges des Sarrasins passé;
ne trovent Turc qui n'ait lou chief copé:
outre les loges s'an sont tuit passé.
Guillaume voient et lo roi Desramé 2895
ou se conbatent anbedui en .I. pré.
Bertrans lou conte l'a Renoart mostré,
communement en ont joie moné.
Cant Desramés a son fil avissé,
a sa vois clere a hautement crïé: 2900
"Renoars, filz, mar te vi honques né!
Norir te fis par molt grande chierté.
Cant m'en alai en ost sor Salatré,
tu oceïs ton maistre Giboé,
puis t'en foïs, ne sai en quel rené; 2905
mors as mes homes et tes freires tüés.
Or me vois ci en bataille chanpel
contre tel home qui molt m'a vergondé.
Je te semont de sor ta loialté
que tu m'aïes si con l'as en chierté." 2910
Dist Renoars, : "Bien vos ai escouté.
Auques ferai de vostre volanté;
se vos creez el Roi de Majesté,
tost vos avrai a Guillaume acordé."
Sa loque lieve, si [a] en halt juré, 2915
mar i avra plus ferut ne chaplé.
A icest mot sont andui desevré;
Renoars a son pere araissoné,

2915 *Ms.* omits "a", emended after *E* —

si li proia par molt grant amisté
   qu'il reconnoisse sainte crestïenté; 2920
   n'avra mais guerre an trestot son aé,
   qu'a lui seront François tuit acliné.
   Dist Desramés : "Or as bien sermoné,
   mais Jhesu Crist ne pris .I. oeuf pelé.
   Ne poroit estre ceu que m'as demendé; 2925
   se tu m'aïes, tu feras grant bonté,
   tant que m'en puisse raleir a salveté."
   Renoars l'ot, del cuer a sospiré.
   L'ongnement a fors de la loque osté,
   son peire en oinst, si l'a tost repassé. 2930
   "Sire," dist il, "or t'ai mediciné;
   repose toi tant que j'aie parlé
   au mellor home de la crestïenté."
   Atant s'an torne, s'ait Guillelme apellé;
   puis sont assis soz l'olivier ramé; 2935
   Guibors i fut qui molt avoit ploré.
   Renoars s'est de l'acorde mellé;
   li cuens Guillelmes li a tout creanté,
   mais que ses peres aüst crestïenté,
   ou autrement ne seront acordé. 2940

LVII

   Dist Renoars : "Ne lairai nel vos die;
   Sire Guillelmes, Fierebrace hardie,
   je vos am plus c'ome qui soit en vie,
   por ma seror, que a ti es nocie.
   Ves la mon pere qui vers moi s'umelie; 2945
   il s'est a moi randus, et mercis prie.
   Pitié en ai, li cuers m'en atendrie;
   s'il voloit croire el fil sainte Marie,
   mon vel seroit ceste guerre fenie."
   Dist dan Guillelmes : "Bias amis, je l'otrie." 2950
   Renoars l'ot, dolcement l'an mercie;
   l'ognement trait de sa loque marsie,
   Guillelme en oint qui la char ot blecie;
   lors ne santit ne dolor ne hachie.
   Renoars a sa grant loque chargie; 2955
   son pere amoine et oiant tos li prie

Fo. 290 a

qu'il croie en Deu, lou fil sainte Marie,
si li rendra trestoute païenie.
Dist Desramés : "Vos parleis de folie;
moilz voil morir o ma gent païenie 2960
que vers Guillelme mon droit ne contredie!
Filz Renoars, je sai bien sans mentie
que sor Guillelme as force et seignorie;
lai m'en aleir, si feras cortisie."
Dist Renoars : "Se Deu me benoïe, 2965
si ferai ge se Guillelmes l'otrie;
et s'il sor vos reclame avoerie,
defandés vos, ne sai que plus vos die;
car, par la foi que doi sainte Marie,
se ansanble estes an bataille fornie, 2970
ne remanra s'iert vencue et fenie;
soiez seürs con li rois a Pavie,
que ja vers lui ne vos ferai aïe.
Se vos Guillelme qui tant seit d'escremie
poés conquere par vo chevalerie, 2975
je vos metrai tos quite an vos navie;
et s'il vos puet la teste avoir tranchie,
de moie part li est pais otroïe.
N'est hons fors toi de si an Salerie,
se vers Guillelme aüst prise aramie, 2980
ne li fandisse lou chief dec'an l'oïe.
Mes peres iés, tant as de signorie
que ne te doi mal faire ne anvie;
se li cuens velt, si t'en va en Persie."
"Voir," dist li cuens, "je ne voroie mie." 2985

LVIII

"Renoars sire," dist Guillelmes li ber,
"or soiés rois por droiture porter.
Vez lai vos pere, a vos m'en voil clamer
de ma moillier que li vi traïner,
et qui la loi Jhesu Crist velt falseir, 2990
et la Mahon esaucer et lever.
Je di por voir, et lo volrai prover
contre son cors, qui qu'en doie parler,
c'on doit par droit Jhesu Crist aorer,

et c'on lou doit et Pere et Fil clamer, 2995
et Saint Espir qui a droit velt nommer,
et que Mahon ne fait a remenbrer
qui an li croit devroit on lapider."
Dist Desramés : "Iceu voil ge falseir,

Fo. 290 *b* et se voldrai contre ton cors mostrer 3000
que Mahons fait et plovoir et venter,
florir les arbres et lou fruit maürer,
vingnes florir et rasins aporter.
Deu n'a an terre vallissant .I. soleir,
ans est Mahon qui tot a a salver. 3005
Por soe amor veul en cest chanp antrer."
Et dist Guillelmes : "Laisse ton devisser,
ne te voil mais de nïent escouter."
Ansus se trait, si laisse lou parler
et Renoars les prist a esgarder. 3010
Dist a Bertran : "Bien poons avisser
conment cist chans prenra a definer.
En ai ge fait dont en me puist blamer?"
"Voir," dist Bertrans, "ans vos doit on loër!"
"Oncle Guillelmes," dist Bertrans au vis cler, 3015
"car me laissiés por vos el chanp antrer."
"No ferai, niés, alés vos reposer;
por Deu, pansés de Guibor conforter;
ja ne vaira Desramés l'avesprer,
mar li fist honte, ferai li conparer!" 3020
Renoars prist hautement a crïer
c'antraus laissassent convenir au chapler,
mais son chief fil ne puet antroblïer
c'on li a fait par traïsson anbler;
forment li poise, mais nel puet amender(r). 3025

LIX

Bais fut li jors et li soloz raia,
et la bataille des dous reconmença;
chascons des dous son escut enbraça;
rois Desramés an son fil se fia,
mais por nïent, ja ne li aidera. 3030
Fiere bataille qui oïr la voldra

3013 *ms.*: ai en ge fait: *emended after E* —

face moi pais, si se traië ensa;
ja an sa vie si bone n'[en] ora,
se il n'ot celle que Renoars mata
vers Loquifer cant tinel brisa   3035
et de sa loque meïsmes l'afronta;
verités fut que lou chief li copa
et .III. espees lo jor i conquesta,
et telle loque que il forment ama.
Ceste chanson est faite grant piece a;   3040
Jendeus de Brie qui les vers an trova
Fo. 290 c   por la bonté si tres bien les garda;
ans a nul home ne l'aprist n'ensaigna,
mais grant avoir en ot et recovra
entor Sezile lai ou il conversa;   3045
cant il morut a son fill a laissa.
Li cuens Guillelmes a celui ansaigna,
que la chanson trait [a] soi et sacha
et en .I. livre la mist et seela.
Cant il lou sot, grant duel en demona;   3050
ans puis ne fut haitiés, si devia.
Si faitement ceste chanson ala,
la mercit Deu qui por nos se pena.
De malvais arbre, ja bon frut ne naistra,
de pute espine, pute pointure istra,   3055
de malvais home ja nus mal n'en avra.
Molt est perdus l'avoir [que avers] a;
apres sa fin an anfer en ira,
et son avoir aucon prodons avra.
Qui les honors bien fairë en savra   3060
et largement et bien despandera,
et a son cors bien faire andurera,
et en armone et en cherté maindra,
et Nostre Sires lou montepliera,
cil ait lou bien que Dex destiné l'a;   3065
n'est mie cil qui amassé li a.
Chascons doit faire selonc ceu que il a,
bien et honor au miolz que il pora,

3033 *ms.* omits "en", emended after *E* —
3048 *ms.* "et soi", emended after *B*—
   See *APPENDIX M*
3057 *ms.* "qui avor —

car biens et mas tos jors s'esprovera.
Or proiés Deu qui lo mont astora 3070
qu'il nos dont faire sou que il li plaira.
Repairier voil a l'estore desa,
a ma chanson que j'enhui consensa,
conme li cuens et li païens josta.
Biaus fut li jors si con Deus l'estora, 3075
mais basse none estoit passee ja.
Li cuens Guillelmes mie ne s'oblia;
il tint Joiousse qui luist et flanboia;
vers Desramé hardiement s'an va,
grant cop li done, mie ne l'espargna; 3080
del branc d'acier ruiste cop li dona
amont sor l'iame qui tot l'estona.
Voit lou li Turs, durement s'aïra.

Fo. 290 d Sor son escut grant cop randut li a
qu'une grant piesse jus l'an eschantela; 3085
del blanc hauberc .V.C. mailles falsa.
Li cuens Guillelmes del paien s'aprocha,
son cop antoise, que ferir lou cuida,
mais Desramés durement se hasta;
halce s'espee qui durement trancha, 3090
mais l'une espee contre l'autre hurta;
si durement l'une l'autre ancontra
que de l'acier li feus estancela;
bien ait de Deu qui Joiose forja,
car onques fevres mellor ne manoia, 3095
fors Durondart que Rollant tant ama;
tes hons la porte qui bien l'esprovera,
ce est Guillelmes qui onques ne boisa,
qui la loi Deu tot adés esauça;
soventes fois son cors en travailla, 3100
et Jhesu Crist bien li guerredona,
car les sains anges a sa mort envoia.
Qui sa chanson volantiers entendra,
mains bons essanples escouter i pora.
Rois Desramés de ferir se hasta; 3105
cil refiert lui qui onques ne l'ama;
grant fut li chaples et longement dura,
persent escus, chascons hauberc fausa,
del sanc vermail chascons ansanglanta.

LX

La bataille est et fiere et aduree,
et chascons d'aus a bien la teste armee;
celle au païen a Joieuse ancontree,
et l'une a l'autre est si forment hurtee
que de l'acier est la flame volee;
Joiose fut de dur acier tenpree,
cil qui la fist en ot bone soldee;
.II. ans i mist ans que fust aceree.
Celle a paien fut molt bien acesmee,
mais vers Joose ne pot avoir duree;
droit el mileu l'a si mal atornee,
que bien demie est tranchie et copee.
Li cuens recovre a la chiere menbree,
fiert lou paien a molt grant alenee,
de son hiame ait l'alvissiere ancontree;
li cos descent sor la targe listee,
une grant pesse en a eschantelee,
tranche la maille de la brogne safree,
desor la chauce li a la char navree,
li sens an chiet contreval an la pree;
voit lou li Turs, s'ait la color müee,
cant voit son sans, sa vertu est doublee.
"Glos," dist Guillelmes, "vostre vie est alee!
An Deu me fi qui fist ciel et rousee;
cant n'i craez, c'est folie provee,
vos en morés a male destinee! "
Dist Desramés : "Jeus iert chier conparee! "
Lors a s'espee ancontremont levee,
Guillelme fiert par molt grant aïree;
au hiame falt, s'ait la targe asenee,
dec'an la boucle est l'espee colee;
au resachier est brisie et froee
devent lou heu ou elle iert agrevee.
Voit lou li rois, s'a la color müee,
lou pomel giete plus d'une abolostree.
Une grant piere a devent lui trovee;
por bonne faire fut illoc aportee,
ja por un home ne fust d'illoc jetee:
li Turs la prent, fierement l'a levee,

par maltalant l'ait Guillelme getee;
grant cop li done sor la targe roee, 3150
desor la boucle li a fraite et quassee;
an son visage li a si fort hurtee
que la veüe li est estancelee.
Li cuens chaï sans nulle demoree.
Desramés salt, a cui forment agree; 3155
de son poing destre li done tel colee
que l'une oïe li est tote estonee.
Voit lou Guibors, forment en est iree,
sainte Marie a de cuer reclamee,
elle ne fut fole ne esgaree. 3160
De son mentel est molt tost defublee,
son baston prist, molt s'est esvertüee;
a Desramé en vint toute efraee,
lou baston hauce, telle li a donee
par mi la face qu'il ot vers li tornee 3165
que sor lou neis a la char antamee;
puis li escrie a molt grant alenee:
"Cuvers traïtres, mar m'avés traïnee!
Ancui charra vostre grande ponee! "
A haute vois s'est Guibors escrïe : 3170
"Sire Guillelmes, je suis vostre espousee.
An tos besoinz doi estre abandonee
de vos aidier sans nulle demoree."
Desramés l'ot, a .I. poing l'a cobree,
par devent lui l'a el preit [en]versee. 3175
Voit lou Guillelmes, s'a la color müee.
A paien vient qui la teste ot clinee;
il tient Joosse qui d'or est enheudee;
ja li eüst par mi lou cors boutee
cant Renoars a la chiere menbree 3180
"Guillelme! " escrie a molt grant alenee.

LXI

Quant Renoars voit son pere en l'estor,
que li cuens moine a si grant deshonor,
Renoars crie au conte et a Guibor:
"Traiez ansus," fait il, "sans demorer, 3185

3175 ms. versee, emended after AB —

LA BATAILLE LOQUIFER

car, par la foi que doi au Creator,
Guibors a fait tel chosë hui cest jor
dont elle avra et angoisse et dolor.
Puisquë on a de moi fait jugeor,
je an ferai lou jugement mellor." 3190
Lors apela Guillelme par iror,
et puis Bertran, lou jantis poigneor,
Guibor la belle, a la fresche color.
Soz l'olivier sont assis tot antor;
n'i a celui qui n'ait au cuer paör 3195
que Renoars ne lor face .I. estor.

LXII

Renoars est desos l'arbre foilli,
dist a Guibor : "Molt ai lou cuer marri.
Or puet on dire que mon pere ai traï.
Jugiere estoie de cest chanp arami, 3200
vos et Guibor m'en avés dementi.
Trop suis malvais cant jou sou consanti
que nus de vos sor mon pere feri;
ques que il soit, por voir m'enjenoï,
mais or li ai de covenant manti. 3205
Devisés fut premiers [et eschevi];
fausei l'an ai, molt m'en tien a honi."
"Voir," dist Guillelmes, "certes ce poise mi!
Or an sera Guibors an vos merci! "

Fo. 291 c Rois Desramés s'escria a haut cri: 3210
"Filz Renoars, Guillelmes t'ait traï,
et l'orde pute Guibor au cuer failli
qui Mahomet, nostre deu, relanqui
et roi Tiebaut son droit seignor honi
por dan Guillelme c'adons l'a converti. 3215
Sor ton defans m'ont andui asailli;
morir en doient; vien filz, si les oci! "
Dame Guibors au gent cors signori
par lou piet destre a Renoart saissit:
"Freire," dist elle, "aiés de moi merci! 3220
N'est pas mervaille se j'aidai mon mari,

See *APPENDIX N* —
3206, "Ms. d.f.p.jehui," emended after *A* —

c'est .I. diables qui ja l'aüst mordri! "
Dist Renoars : "Vos i avés menti;
se ne fussiés, je lou sai tout de fi,
conquis l'aüst et del tot malbailli." 3225
Dist Bertrans : "Sire, por Deu, pardonés li;
por moi lo faites, par amors vos en pri! "
Dist Renoars : "Sire, jel vos otri."
"Grant mercis, sire," Bertrans li respondi.
Dist Desramés : "Malvaisse amende a ci; 3230
Renoars filz, or te tien por failli.
Congié me done, n'ai mais cure de ti,
car molt ai bien icest estor forni."
Dist Renoars : "N'en irés mie ansin.
Biaus sire peres, faites sou que vos di. 3235
Creez an Deu qui lou mont establi."
Desramés l'ot, el vis li escopi:
"Tais toi," dist il, "ton deu, je lou defi,
car n'i creroie nec'an .I. chien pori."

LXIII

Quant Renoars a son pere escouté 3240
qui l'escopit et Deu a defïé,
de maltalant a lo vis enbrassé;
dist a son pere : "Malement as erré,
car envers toi avoie bon pansé,
mais or m'as si mon corage troblé 3245
que de toi n'ai ne mercis ne pité.
Cant ne vels croire sainte crestïenté,
lou matinet cant sera ajorné
avras ton cors garni et conraé;
li cuens Guillelmes ait lou suen adobé, 3250
tot sol a sol nos remenrons el pret;
ja n'i avra home de mere né,
fors solement .I. destrier arené.
Cil qui avra son enemi tüé,
el cheval monte corant et abrivé 3255
et vingne a moi soz cest arbre ramé;
tuit li mefait li soient pardoné! "
"Voir," dist Guillelmes, "tout seu me vient a gré.
Tuit li François l'ont ansin creanté;

mais molt an poise lou fort roi Desramé. 3260
La nuit se sont ansanble reposé.

LXIV

Or faites pais, baron, si escoutés,
s'orés des Turs qui sont espoentés
qui par lou bos fuient tuit effraés;
apres Tiebaut s'an vont tuit effraés 3265
qui vers Orenges a son chamin tornés.
Tuit l'ont suït, li gloton defaés,
il l'ont ataint par desos la cité;
de chief an chief li ont dit et conté
conment il virent Renoart retorné, 3270
lui et Guillelme et Bertran l'alosé,
et que païen sont tuit a mort livré;
Desramé virent a Guillelme josté,
mais il ne sevent conment il est alé.
"Voir," dist Tiebauz, "je sai de verité 3275
que vers Guillelme a molt petit duré.
Alons nos ent, trop avons demoré,
car, se Guillelmes nos trove an cest rené
et Renoars qui tant a cruialté,
nos serons tuit ocis et lapidé." 3280
"Par Mahomet, sire, "dist Cordroé,
"a Porpaillart ou fustes arivé
n'a neis remeisse ne de lonc ne de lé
que Renoars n'ait tout acraventé."
Et dist Tiebauz : "Si soient ramoné, 3285
puis en irons coiement a celé;
cant nos serons an la mer epiké,
si menderons Renoart lou desvé
c'an Loquiferne somes tuit arivé;
iloc avra ses filz lou chief copé. 3290
Cant lo savra, je vos di par verté,
il nos suivra, jel vos di sans falser;
s'an Loquiferne l'avïens atrapé,
ne revenroit jamais an son aé;
tost l'avrïens ocis et lapidé, 3295
ou par antoche d'erbes anpoisoné.
Et, se de lui estïons delivré,

jamais François n'avroient poesté."
Paien respondent : "Molt avés bien palé."
A Porpaillart an sont tot droit alé; 3300
lors neis refont, puis sont desaancré;
drecent lor voiles, s'ont lor sigle levé,
an mer s'anpoignent a vent et a l'oré;
Tiebauz d'Arabe a .I. tinbre soné;
liés sont paien cant vif sont eschapé; 3305
en haute mer ont lor voile levé.
Tiebauz en a Picolet apelé,
puis l'anvoia Guillelme lou menbré;
par lui meïsmes a Renoart mandé
que Sarrasin en ont son fil moné, 3310
an Loquiferne a martire livré.

LXV

De Picolet lairai si la chanson
qui par mer noe a guisse de poisson.
Petit estoit et fut frere Aberon
qui de Monnuble tenoit la regïon. 3315
A la bataille voil torner ma chanson
que Desramés a prise par tanson
envers Guillelme, lou nobile baron.
Guillelmes s'arme sans point d'arestisson,
et Renoars qui cuer a de baron 3320
arma son pere qui creoit en Mahon;
li bers li proie par grant devotïon
qu'il croie an Deu qui soffrit passïon;
toute sa terre li rendra a bandon.
Desramés l'ot, si froncha lou grenon: 3325
"Fils," dist li peres, "lai ester ton sermon,
car ta creance ne pris jou .I. bouton;
tes dex ne fait ne mercis ne pardon;
an crois fut mors, de verté lou seit on.
Je n'i creroie nequ'an .I. guaïgnon!" 3330
Renoars l'ot, si tint conme charbon,
de maltalant ne dit ne o ne non;
ans ait saissit .I. bon cheval gascon,
si l'arena devent ous el sablon.
Guibor amoine a la clere façon, 3325

LA BATAILLE LOQUIFER 121

Fo. 292 b

lui et Bertran qu'il geta de prison,
et tos les autres qui sont si conpaignon.
A .I. ruisel s'asanblent li baron;
an mi lou chanp sont li dui chanpïon,
tout sol a sol, ans n'i remeist nus hon. 3340
Dist Renoars : "Estés ici, baron;
or se conbatent, nos les esgarderon."

LXVI

Li dui baron sont an la praerie,
si s'antresgardent par molt grant felonie;
n'i ait celui n'ait l'espee sachie; 3345
lors se requierent par molt grant felonie.
Guillelmes fut de grant chevalerie;
il tint Joousse o durement se fie,
fiert Desramé sor l'iaume qui brunie,
pieres et flors tout contreval an guie, 3350
les las en tranche tot contreval l'oïe;
li hiames chiet sor l'erbe qui verdie.
Tout ot lou cors et la teste estordie;
voit lou Guillelmes, a haute vois s'escrie:
"Rois Desramés, ta fin est aprochie; 3355
morir t'esteut a deul et a hachie! "
Ot lou li Turs, de maltalant fremie,
et fiert Guillelme sor l'iame qui flanbie;
par mi l'escut est l'espee glacie,
.II. piet an fant, s'ait l'espee tranchie; 3360
li escus chiet sor l'erbe qui verdie
L'espee cole sor l'erbe qui verdie,
plus de .II. piés est an terre fichie;
voit lou li Turs, a haute vois s'escrie,
dist a Guillelme : "Vostre force a foiblie! 3365
C'est Desramés qui ici vos chastie,
oncles Tiebaut, lo roi d'Esclavonie,
que as sa feme par deul et par [boidie]
et a grant tort as ta terre saissie;
se ne li rens, ancui perdras la vie; 3370
ne t'iert garens li filz sainte Marie.
Croi en Mahon qui tant a signorie,

3368, *ms.* "foidie", emended after *AB* —

ja de ton Deu n'avras a moi aïe,
car sa puissance ne valt pas une alie! "
"Voir," dist Guillelmes, "or as dit grant folie; 3375
s'aidier me velt, ja ne varas conplie! "
A icest mot li fait une anvaïe,
grant cop li done de l'espee forbie
par mi la targe qui fut a or brunie;

Fo. 292 *c*
dec'an la boucle l'a fandue et croisie; 3380
de l'auberc tranche mainte maille trelie;
fort fut Joiose, n'est fraite ne croisie;
et li marchis an Damedeu se fie,
voit Desramés qui ot toise et demie;
la teste ot grose, noire con poiz bolie, 3385
laees espaules, s'ot la teste chanie;
de plus fier home n'iert mais parole oïe.
Ans n'enjandra Turs si belle maisnie,
mais n'ot enfent qui an Deu creïst mie,
fors Renoars qui puis conquist Persie, 3390
et Loquiferne; la grant cité antie,
et fors Guibor, la belle, l'eschavie,
de cui Guillelmes fist sa feme et s'amie.

LXVII

Grans fut l'estor et longement dura.
Rois Desramés durement s'aïra; 3395
l'espee traite a Guillelme s'an va;
par mi son hiame ruiste cop li dona,
pieres et flors contreval an rasa,
sor lou hauberc li brans d'acier cola;
l'aciers fut durs, li paiens se hasta; 3400
plus de plain piet de l'auberc demailla,
et en la char durement lou navra,
si que li sans contreval an raia.
Dist li paiens: "Malvaissement vos va;
vostre proesce hui cest jor finera! " 3405
Et dist li cuens: "Se Deu plaist, no fera."
Il tint Joose qui luist et flanboia,
rois Desramés molt grant paor en a.
Li cuens Guillelmes durement s'aïra,
par mi son chief la coife li trancha; 3410

devers senestre li brans d'acier cola,
la char li tranche, l'oraille li copa,
et tout lou cors Guillelmes lo hurta
si que li rois el preit s'agenoilla;
il voit son hiaume, reprendre lou cuida, 3415
mais li marchis de ferir se hasta;
el cors l'ataint cant il se rabaissa,
si lou ferit que lou chief li copa;
li cors chancelle, a la terre versa.
Voit lou Guillelmes, Damedeu reclama. 3420
Devent lou cors li marchis s'arresta,

Fo. 292 *d*

l'arme de lui diable conmenda.
Atant es vos Picolet qui vint la;
tant a erré que Guillelme trova.
Li cuens lou voit, si l'an araissona, 3425
a sa vois haute lou laron apela:
"Vien sai a moi, si ne t'amoier ja! "
Cant Picolet oit qu'il l'aseüra,
a lui en vient que nïent nel douta.
Li cuens Guillelmes droit au cheval en va, 3430
car Desramé, ce dit, anportera,
a Renoart, si l'i presantera
et a Guibor que li forment ama.
A l'anchargier Picolés li aida;
li Turs fut grans et durement pesa; 3435
par droit ahan Picolet tresua,
puis prist la teste, a l'arçon la trossa;
dec'ant la terre la crine traïna.
Cant l'ot trosee, sor lou cheval monta;
d'iloc s'an torne que plus n'i aresta, 3440
et Picolés avoc lui en ala.
Dec'au ruissel li marchis en ala;
Renoart trove, et si lou salua;
Guibors saut sus qui grant joie mena.
Lou cors recoillent qui durement sana. 3445
Dist Renoars : "Fos fut qui t'ancharja,
car .I. diabl[e] avoc lui aporta.
Mal dahait qui ja an plorera! "
Lou cors saissit et si lou traïna,
en une fosse parfonde l'ariva; 3450
ans paternostre n'i dit ne remenbra,

a .C. diable arme et cors conmenda;
et Picolés sa raisson conmença.
De chief an chief a Renoart conta
de Mallefer conment i li anbla; 3455
en Loquifern[e] .I. paiens l'anmena
et que Tiebauz est en mer grant piese a,
et avoc lui tant de gent con il a;
en Loquiferne a grant esploit s'an va
por Maillefer qu'il ocire volra; 3460
Mahomet jure qu'escorchier lou fera.
Renoars l'ot, del chief des iolz plora;
s'il fut dolant nel demendés vos ja,
mais sachiés bien que grant deul demena;
puis jura Deu, qui lo mont astora, 3465
mar fut anblés, que chier lou conparra.
Cant Picolet ot qu'il lou menasa,
an fuie torne, arrester n'i osa,
et Renoars lou suit si l'anchauça;
mais onques hons a core nel passa. 3470
Cant voit li bers mie ne l'ataindra,
apres son dos sa mace li rua;
n'an consuit mie, ansois li eschapa.
Picolet salt, an la mer se lança;
par mi les ondes conme poissons noa. 3475
Renoars voit que pas ne l'ataindra,
a vis diables Picolet conmenda.

LXVIII

Renoars voit sor la rive de mer,
Picolet voit par les ondes noer;
molt est dolant cant lo voit eschaper. 3480
Li leires noe qui ne puet efronder;
Tiebaut d'Arable l'alai dire et conter
que Desramé vit la teste coper;
mort l'a Guillelmes qui tant fait a loer.
Ans Renoars ne lou volt anterrer. 3485
Tiebaus l'antent, lou sanc cuide changer;
Mahomet jure, que il doit aorer,
a Maillefer fera lou chief coper.

See *APPENDIX* ● for lines following v.3488 and preceding v.3491 of *D* —

Lor ancre traient Sarrasin et Escler;
par mer hautaine conmencent a aler. 3490
Or lairai si de Tiebaut a paler,
si vos dirai de Guibor a vis cler;
cant ot veüt Renoart retorner,
a haute vois li prist a escrïer:
"Renoars, freire, molt vos voi aïrer! 3495
C'avés vos fait, ne me devés celer?
Corut avés, molt vos voi esofler.
Ja no deüses, se Deu pleüst panser,
aprés laron ne core ne aler.
Truës avoit de Guillelme lou ber; 3500
se tu l'as mort, molt an fais a blamer."
Dist Renoars : "Dame, laissiés ester.
Je n'ai talant par mon chief de gaber.
Ja an ma vie n'avrai mais mon cuer cler,

Fo. 293 b s'avrai les tors d'Aïete fait verser, 3505
et Loquiferne volrai jou conquester,
se Deu velt moi et ma loque salver!
Se Dex se done mon fil puisse trover,
je li volrai lou païs delivrer,
et de fin or sa teste coroner. 3510
Sire Guillelmes, n'avés que demorer;
vos an covient a Orenges aler
por vos païs et vos terre garder!
Je panserai de mon ere aprester."
Et dist Guillelmes : "Laissiés m'o vos aler." 3515
"Nel ferai, sire, ne voil nelui mener
fors Damedeu qui bien me puet garder."
Ans tant Guillelmes nel sot amonester
que Renoars lou volsist creanter.
N'en pot plus faire, Guillelme a fait monter 3520
et tos les autres sans plus de demorer.
Dec'a Orenges ne se sont aresté(r).
Cil de la ville ont fait les sains soner;
de joie faire se velt chascons pener.
Li cuens ne pot Renoart oblïer, 3525
et Renoars ne se volt oblïer;
lou chief son pere fist pandre a .I. piler

See *APPENDIX P*
2522, *Ms.* : "arester"

devent la sale si com an doit antrer.
Por la püor l'avoit fait anbasmer,
mais tant vos voil et dire et devisser, 3530
tant con la fut ne fina de venter
ne de plovoir d'epartir ne tonner.
En mer la fist Renoars afondrer,
et li orages laissa lou tormenter.
En cel androit ou il la fist geter, 3535
la n'ose barge ne galie passer;
Salt Malatois fist cel leu apeler;
li vif diable i puissent converser,
car maintes neis i fist puis afondrer.

LXIX

Salt Malatois l'apelerent la gent; 3540
nus hons n'i ose ariver de noient,
car maintes neis i perissent sovent.
Li cuens Guillelmes qui tant ot hardement
a anvoiet de ses chevaliers cent
a Porpaillart sans nul arestement, 3545
Fo. 293 *c* s'i font mander ovriers inelement,
s'i font refaire les murs a lor talant,
car Sarrasin, li ort et li pulant,
nes orent mie gardé honestement;
fait en avoient estable molt vilment 3550
par grant despit de Deu Omnipotent;
cil Damedeu qui tote riens consant
lor amaint honte et grant anconbrement!

LXX

De Porpaillart ont la vile fermee,
de totes pars refaite et remuree; 3555
ne doutent mais la pute gent desvee
cant Desramés ot sa vie finee,
qui tant avoit orguel et ponee.
Li cuens Guillelmes a la chiere menbree
l'avoit ocis au tranchant de l'espee; 3560
ans ne l'an fut nulle faide portee

3540 *ms.*: Malt: *read* Salt: possibly a rubricator's mistake —

de Renoart qui fut a la melee,
ne de Guibor, la contesse honoree;
honques d'els dous n'i ot larme ploree,
ne paternostre dite ne remanbree, 3565
mais au diable [ont] s'arme conmendee,
et Renoars a la chiere manbree
lou cors geta en une fosse lee.
Des or orés chanson anluminee
ans de jugler ne fut mellor chantee 3570
de Renoart qui done grant colee
por Maillefer a grant dolor menee.
Il dit molt bien, par verité provee,
ne cessera de l'aler a jornee
dusque novelle vraie li iert contee. 3575

LXXI

En Orenge est Guillelmes li marchis,
li cuens Bertrans, s'i fut Guichart et Guis,
Dame Guibor a gent cors signoris.
De Desramé sont lié qui est ocis;
mais, qui qu'en face joie ne jeu ne ris, 3580
li cuens Guillelmes fut mornes et pansis,
plore des iolz, del cuer jete sospris;
les larmes groses li chiet aval lou vis
les lou menton sor le blïaut de pris.
Molt est li cuens coroços et marris 3585
por Renoart, dont est espoeris.
A soi meïsmes se clame : "Las! Chaitis!"
"Ahi," dist il, "Renoars, biaus amis,
tant grans estors m'as par ton cors fornis,
par toi rai ge ma terre et mon païs. 3590
Cant vos laissa [certes] molt fut faillis,
mais Deus seit bien que jo fis a anvis;
aler i vois, mais tu lou defandis.
Or te consalt li rois de paradis.
Se ge savoie c'an mer te fusses mis, 3595
je te suivroie a .X.M. fers vestis.

3566 *Ms.* omits "ont"
3575 *Ms.* "veraie"
3591 *Ms.* omits "certes", emended after *ABE* —

Contre tos homes seroie tes aidis;
faire lou doi, car tu lou me feïs."
Atant se taist, en plorent est asis.

LXXII

Seignor, oés et bons moz et bons dis 3600
de Renoart qui tant par fut hardis.
Verités est, ce tesmoigne l'escris.
Renoars iert sor mer en .I.laris.
Por Maillefer, son fil, est molt marris;
tant a ploré, tos est mas et pansis. 3605
Sor la marine se colche molt maris,
desos son chief a sa grant mace mis;
tout maintenant est de duel andormis.
Es vos .III. faes, blanches con flor de lis,
venues ierent, volant conme perdris. 3610
L'une tenoit .I. porpre antalleïs,
et la seconde .I. charboucle voltis,
la terse tient .I. bastoncel tortis
qui miolz valoit de la cit de Paris,
car n'est vitaille ne bovre signoris, 3615
ne soit dedens lou bastoncel petit;
et an la porpre sont arbre et pret flori,
et vesteüres faites par grans delis;
an l'escharboucle est li jors esclarsis;
cant elle velt, si est terce ou miedis. 3620
Molt seroit riches qui avroit sou conquis;
puis an fut sires Renoars .XV. dis.
Li bers se dort, ne s'est pas esperis;
ans qu'il s'esvaille sera en tel leu mis
que n'est hons nés ne cheval ne ronsins 3625
qui tant alast en .VI. mois aconplis.

LXXIII

Fo. 294 a

Vers Renoart sont les faes venant;
Renoart voient sor la rive dormant;
dist l'une a l'autre : "Or soions arrestant!
veez Renoart soz cel arbre gissant, 3630
lou plus hardi et lou miolz conbatant

qui onques fust an cest sicle vivant ;
car l'an portons trestout esbanoiant
a Avalon, noste cité vaillant
.C. lues est outre l'Arbre qui Fant 3635
s'i soit o nos, s'il velt, tout son vivant,
avoc Artu et avoques Yvain,
avoc Gavain et avoques Rolant ;
la gent faee sont iloques manant.
Et s'il ne velt, si l'an merons avent 3640
en Odïerne, si vera son anfent ;
o, se il velt, en Orenge la grant,
o, se il velt, en Loquiferne avent."

LXXIV

Les fees voient Renoart andormi
sa mace avoit desos sa teste mis. 3645
Dist l'une a l'autre : "J'en ferai mon ami,
car ge ne sai si prout ne si hardi."
L'autre l'antent, lou sanc cuide marir,
que miolz l'amast a son eus que a lui,
mais elle n'ose de riens müer son dit, 3650
qu'elle fera Renoart malbailli.
Renoart prenent, si l'ont antr'ex saissit ;
li bers se dort, n'en a mie santi.

LXXV

Les faes prenent Renoart el sablon,
sa mace font müer an .I. falcon, 3655
et son hauberc .I. jugleor gascon
qui lor viole clerement a cler ton,
et son vert hiame müer en .I. Breton
qui dolcement harpe lou loi Gorehon,
et de s'espee refirent .I. garsçon ; 3660
si l'anvoierent tout droit a Avalon.
Lo roi Artut trova an son donjon,
o lui Gauvain, Rollant, lou nier Chalon ;
la gent faee seoient anviron.
Es vos lou mes qui escrie a hau ton : 3665
"Oés, Artus, et vos, seignor baron,

faites grant joie et aval et amont;
a oste avrés lou mellor chanpïon
qui onques fust an fable n'en chanson;
Fo. 294 b c'est Renoart, qui cuer a de baron. 3670
Morgue ma dame et sa suer Marsïon
lou prisent or, dorment sor lo sablon."
Artut l'antent, s'a joie del baron;
contre s'an issent a grant prossessïon;
faees i chantent dolcement, a cler ton, 3675
si dolcement c'onques ne l'oït on;
ne s'andormist ou il volsist ou non,

LXXVI

Avalon fut molt riche et asazee;
onques si riche cité ne fut trovee;
li mur an sont d'une grant piere lee 3680
il n'est nus hons, tant ait la char navree,
s'a celle piere peüst estre adesee
que lors ne fust guarie et repassee;
tout tens reluist con fornaisse anbrassee.
Chascune porte est d'ivoire planee; 3685
la maistre tor estoit si conpassee
qu'il n'i a piere ne soit a or soldees;
.V.M. fenestres i cloent la menee.
Honques n'i ot de fust une denree;
il n'i ot ais taillie ne dolee 3690
qui d'ebenus ne soit faite et ovree;
en chascune ait une piere soldee,
chiere ameraude et grant topace lee,
beril sardin et grant topace lee;
la coverture est a or tregitee 3695
sor .I. pomel est l'aigle d'or possee,
an son bec tient une piere provee;
hons s'il l'avoit n'a soir n'a matinee
ja puis lou jor ne li iert riens vaee;
cant qu'il demande li est lors aportee. 3700
Leans converse la gent qui est faee;
cant ont oï del baron la menee
que Morgue aporte de vers la mer salee,
ancontre vont, s'ont grant joie monee,
porté l'an ont an la sale pavee. 3705

LXXVII

Grant fut la joie de la gent faerie;
Renoart portent an la sale voltie;
les fees ont defait l'anchanterie,
et sil s'esvaille, si ait la noise oïe;
il salt an piés, s'ait sa mace saissie, 3710
tos esmaris ait sa mace hausie.

Fo. 294 c   Dist Renoars : "Dame sainte Marie,
ou suis ge? Dame, ne m'oblïés vos mie?
Nomini Dame, qu'est seste tor antie?
si riche sale ne fut mais establie. 3715
O sont la gent qui ont tel menantie?
Tel mervaille ai, ge ne sai que ge die!"
Avent en vienent celle gent faerie,
esprover volent sa grande baronie;
s'an Renoart a tel chevalerie 3720
con an on dit, ja sera essaïe.

LXXVIII

Renoars fut an la tor d'Avalon,
l'auberc vestut, lacié l'iame roont;
il tint sa mace haucie contremont;
la gent faee li ierent anviron. 3725
Ans Renoars, qui cuer ot de lion,
ne pot veoir escuier ne garson;
a vois escrie, hautement a cler ton:
"Qui est seans? est sou fantosme ou non?
Qui m'ait si mis, por lou cors saint Simon? 3730
Ne sai ou suis, s'an suis an grant frison.
A Deu me rent qui Pere et Fil a non."
Artus entent la noise del baron;
il en apelle devent lui Amaugon:
"Alés," dist il, "sans nule arestison. 3735
An prise molt cel vasal chanpïon;
talant m'est pris c'orendroit l'esaon.
Traiez me fors Chapalu lou felon,
si l'anvoiés Renoart lou baron.
Une bataille d'ous dous esgarderon." 3740

LXXIX

La gent faé par lou conment Artu
d'une citerne geterent Chapalu.
Plaist vos oïr ques diables ce fut?
Lou chief ot gros et hidos et velu, 3745
les iolz ot roges et lou chief anbatu;
la gole ot lee et les danz anbatu;
li un sont plat et li autre costu;
teste ot de chat, cors de cheval corsu.
Si laide beste onques veü ne fu; 3750
voit lou li bers, tos an fut esperdu.

LXXX

Renoars voit Chapalu lou salvage
qui est montés sus el plus maistre estage.
Les ioz ot roges, ce li est vis qu'il arge;
lou cors a grant conme destriers d'Arrage, 3755
lou chief hidos et obscur lou visage,
piet de lupart et coe leonage.
Li bers lou voit, s'i signa son visage;
n'ot tel paor an trestout son aage.

LXXXI

Renoars voit Chapalu qui s'esta 3760
contre .I. piler; forment lo redouta;
mais Renoars jure ja n'i fuira;
sa mace estraint, contremont la leva.
Cant Chapalus lou vit, si s'aïra;
par grant vertut sor ses piés se dreça,
que desoz lui li mabres an brisa 3765
et li palais retantist et crola,
et des fenestres l'une a l'autre hurta;
ce fut avis a sous qui furent la
que li palais et la tor chancela.
Vers Renoart Chapalus s'adresa, 3770
mais Renoars tout premiers l'asena;
desor lou dos a plain cop lou frapa;
avis lor fut a sous qui furent la,

dec'an l'abime li cos an devala,
mais ans por sou Chapalus ne crola. 3775
Par tel aïr ses .II. piés li rua
que de son chief l'iame li esracha.
Li bers chancele, a .I. piler hurta,
et Chapalus durement lou pressa;
puis prent son hiame, a ses piés l'agrapa, 3780
antre ses dens plus menu l'esgruma
que n'est farine cant on molue l'a.
Dist Renoars: "Quel diable si a?
Maldis soit il qui ceans m'aporta!"
Artus l'antent, si s'an rist et gaba. 3785
Dïent les faees: "Sire, cant vos plaira,
et vos volrés, Chapalus s'an rira,
et Renoars si se reposera."
"Voir," dist li rois, "ancor se conbatra;
vers Chapalu l'ostel desraisnera." 3790

LXXXII

Renoars fut an la tor d'Avalon,
devent lui [voit] Chapalu lou felon;
teste ot de chat et coe de lion,
cors de cheval et ongles de grifon,
les dans agus aseis plus d'un gaignon. 3795
Fo. 295 a Renoart voit, si froncha lou grenon.
Plaist vos oïr quels fut s'astratïon?
Chapalus fut, cant vint a natïon,
anjandrés fut an l'Ile d'Orïon
par tel vertu que onques n'oït on; 3800
car une faee qui Bruneholt ot non
baignoit son cors an la fontaine Orcon;
devent lui vint Grigalet, .I. luiton;
iloques prist la fee an traïsson,
si anjandra Chapalu lou felon. 3805
Cant il fut neis, si ot telle façon,
si bel anfent trover ne poïst on.
La mere an fut dolante a desraisson;
destina li par grant aïroisson
que li suens cors preïst telle façon 3810

3792 *Ms.* omits "voit", emended after *B* —

teste de chat, s'aüst piés de dragon,
cors de cheval et coe de lion,
et tant vesquist en telle estratïon,
et qu'il n'isist del chastel d'Avalon
tant qu'il eüst but del sanc del talon 3815
de Renoart, lou mellor chanpïon
c'onques portast ne escut ne baston,
dont revenist sa premiere façon.
Li rois Artus por cestai ochoson
laissoit conbatre Chapalu au baron. 3820
Molt volantiers müeroit sa façon;
por cest se met Chapalu a bandon.
Vers Renoart en vient de grant randon;
celle part baee ou seit sa guairisson;
cil lou redoute, si hauce lou baston. 3825
Ans ne veïstes si fiere chaplisson,
tot li palais en tentist anviron.

LXXXIII

Grant fut l'estor sus el palais listé.
Renoars ait son grant fust antesé,
fiert Chapalu, grant cop li a doné; 3830
el hasterel l'ai molt bien assené;
durs est li curs del noiton defaé.
Li cos resort, contremont est volé;
ans que li bers fut aieres torné,
son bras retrait, ne son cop recovré, 3835
ait Chapalu sa masue angolé;
volsist ou non, li ait des poins hapé.
Daier son dos l'ai el palais rüé.
Dist Renoars : "Or i soient malfé!
Par foi," dist il, "or sai de verité 3840
que li diable me n'ont pas oblïé
qui m'ont seans an dorment aporté
a ce diable tant que m'ait estranglé.
Sainte Marie, aiez de moi pité!"
Artus l'antent, si a .I. ris geté. 3845
"Renoars est," dist li rois, "efraé."
"Sire," dist Morgue, "par vostre volanté,

Fo. 295 b

3822 *ms.*: 'li rois Artus por cest se met Cha. a bandon'

des or deüst Chapalu estre osté;
car, se il meurt, a moi iert reprové;
par traïsson l'avrai si aporté." 3850
"Voir," dist li rois, "ans iert li chas müé."
Chapalus salt, s'a Renoart cobré
sor lou genoil ou seit sa salveté;
ja li aüst lou talon desiré,
mais Renoars li ait ses bras rüé, 3855
desor la gole li a son bras rüé
par droite force l'ait de terre levé;
ans qu'i l'eüst a la terre versé
l'a Chapalus si forment agrapé
que li ronpit la chause et lou soler 3860
et del talon a lou cuir reversé;
li sans en est tout contreval filé;
cil s'abaissa qui molt l'a desiré,
si en ait but, et sucié, et lapé.
Es vos son cors changié et remüé; 3865
an forme d'ome est li chas tremüé.
Lou poil ot blont, menu recercelé,
les iolz ot vars et lou vis coloré,
gros fut par pis, graille par lou baldré.
Renoart a dolcement acolé : 3870
"Sire," dist il, "buer fussiés onques né,
delivré m'as de molt grant oscurté;
atandut t'ai des l'ore que fui né.
Servirai toi tout a ta volanté,
si t'en menrai, se il te vient a gré, 3875
en Odïerne ou tes filz est porté;
lontens i ait Picolet lai gardé.
Li rois Tiebauz l'aüst tout demanbré,
mais Picolet en prist molt grant pité;
en Odïerne l'ait norit et gardé." 3880
Renoars l'ot, si a .I. ris geté;
por son fil l'a dolcement acolé.
"Amis," dist il, "bien t'aie je trové!
Se tu me tiens et foit et loialté
tant que je aie mon anfent recovré, 3885
se je tant vif, bien t'iert guerredoné."
Lors vinrent faes et chevaliers faé;

Fol. 295 c

3856, repetition of "bras rüé" may be a dittography,
cf. _B_ : 'li a assené'.

Renoart ont haltement salüé,
les faees l'ont dolcement desarmé
et puis si l'ont o halt palais moné. 3890
Artus li rois est contre lui levé;
molt l'annorent et puis si ont lavé,
et li qués orent lou mangier apresté;
bien sont servit, richement conraé.
Cant ont mangié, des tables sont levé; 3895
Renoars ait roi Artus apelé;
de celle gent li a molt demandé.
Et dist Artus : "Ja vos sera conté.
Je suis Artus, dont en a tant parlé.
Renoars, freire, ce sont la gent faé 3900
et de cest sicle venu et trespassé.
Voi la Rolant, ce vermail coloré;
ce est Gavain, a cest paile roé;
et c'est Yvains, .I. suen conpain privé;
c'est Percevas qui la est a costé; 3905
et c'est ma feme [desoz] cest pin ramé;
et celle belle, a ce vis coloré,
ce est Morgain, qui tant a de bonté."
Dist Renoars cant i l'ot escouté:
"Je volroie or, par sainte charité, 3910
que je l'aüsse sanpres a mon costé! "
Artus l'antent, si ait .I. ris geté.
"Renoars, freire, savriés me vos greit?"
Dist Renoars : "Oïl, sire, o non Dé! "

LXXXIV

La gent faé repairent el donjon; 3915
li lis sont fait et aval et amont;
si ont colchié Renoart lou baron
desor .I. lit qui miolz valt de Lon,
car li quepoul an sont d'or anviron.
Morgue la nuit fut a lui a bandon; 3920
toute la nuit fist Renoars son bon;
icelle nuit anjandra il Corbon,
.I. vif diable; ans ne fist se mal non.
Cant del jor virent aparoir lou brandon,

3906 *ms.*: desor —

tuit se leverent leans par la maisson; 3925
Morgue vestit Renoart a son bon.

LXXXV

Quant Renoars fut leans sejornés
.XIIII. jors aconplis et passés,
de Morgue fut dolcement apelés
an tel maniere con vos oïr porés: 3930
"Renoars, freire," dist Morguë, "entendés.
Je suis de vos ansainte par vertés! "
Dist Renoars : "Dex an soit aorés.
Cant il iert grans, si lou me trametrés;
je li querrai terrë et erités. 3935
Por Deu vos prie que vos nel retenés."
"Voir," dist la fee, "si con vos conmendés! "

LXXXVI

"Renoars, freire," dist la fee a vis cler,
"dites quel part vos an volrés aler;
ja ne savrés cele part devisser, 3940
que ne vos face et conduire et moner."
"Dame," dist il, "ce fait a mercïer.
En Odïerne, la me ferés guïer,
que ge ai bien [oï] dire et conter
que Picolet i fait mon fil garder. 3945
N'a pas .I. an c'on lou volt descoler;
ans me lairoie tos les menbres coper
que ge ne voise mon anfent delivrer."
Morgue l'antent, lou sanc cuide desver.
Chapalu fait inelement mander: 3950
"Amis," dist elle, "ses que voil conmander?
Tu conduiras Renoart par la mer,
et se il puet Maillefer conquester,
Corbans mes fil ne poroit riens clamer
a Porpaillart, n'a Tolose sor Mer. 3955
Cant tu seras en halte mer antrés,
si fai la nef pesoier et quasser;
tu es faés, ne poras riens douter.

3944 Ms.: oïr: emended after A —

A ton voloir t'en poras eschaper."
"Dame," dist il, "je ne vos puis veer." 3960
Atant ont fait .I. batel aprester;
li bers i antre, n'i volt plus demorer

LXXXVII

Va s'an la nef, et Renoart anmoine;
Fo. 296 a pour son fil querre est antrés an grant poine.
Passait la mer ou a mainte seraine 3965
qui chantent cler au chief d'une fontaine.
Dist Renoars : "Marie Mazelaine,
s'une an avoie, n'en prendroie Bretaigne!
Sire conpains, car va, si la m'amoine! "
Dist Chapalus : "Ce soit a bone estraine." 3970
An mer saillit plus tost que vens n'elaine;
tant ait noé c'une l'an i amoine;
et celle brait et crie a haute alaine.
A Renoart en vient, si li amaine,
et celle tranble conme fievre quartaine. 3975

LXXXVIII

Renoars voit la seraine de mer
cui la chavol reluissoi tant cler,
c'a molt grant poine la puet on esgarder.
Pitié l'an prist que il la vit plorer:
"Ne vos chalt, belle," fait il, "a dementer, 3980
se avoc moi vos en plaist a aler."
Cant la seraine l'oï ansin parler,
sine li fist a son doi por mostrer
que il li face ans la teste coper,
que ne poroit fors de la mer durer; 2985
mais par covent l'an laist ores aler,
c'ancor li puist l'onor guerredoner.
Dist Renoars : "Bien lou puis creanter;
a essïant ne vos voil afoler;
alés vos ant, s'il vos plaist a aler! " 3990
Et la seraine lou prist a mercïer;
en l'eve salt, si conmence a chanter;

3982 *ms.* repeats this line —

dont veïssiés seraines assanbler;
de la grant joie prisent a coroler;
tant font grant joie, et si chantent [si] cler 3995
que tout a mis son fil en oblïer.
Ci vos lairai de Renoart lou ber;
cant leus sera, bien an savrai chanter.
De Maillefer vos volrai or chanter,
et de Tiebaut, lou riche roi Escler; 4000
conment il volrent faire l'anfent tüer,
por Renoart ocire [et] lapideir;
mais Nostre Sires no volt pas oblïer.

LXXXIX

En Loquiferne fut dant Tiebauz l'Escler.
En mei la sale fut Maillefer mandé; 4005
n'i pot venir, on l'i a amené;
jones estoit, n'ot pas .I. an passé,
mais ne fut anfes si grant de son aé.
Tiebauz lo voit, s'ait Mahomet juré
ne mengera si l'avra demanbré, 4010
de qu'il l'avra ocis et afolé
pour Renoart qui tant a de bonté,
qui Loquifer a mort et afolé.
Cil de la vile se sont halt escrïé:
"Bons rois d'Arable, dis nos tu verité 4015
que Renoars a nos seignor tüé?"
Et dist Tiebauz : "Je vos ai voir conté.
Vez la son fil que il a enjandré;
pres est Guillelme et de son parenté
qui m'ait ocis mon pere Desramé! " 4020
Païen l'antendent, s'ont l'anfent desnüé;
plus estoit blans que n'est noif en esté.
Tiebauz l'esgarde, trait lou branc aceré;
l'anfes l'esgarde, si a .I. ris geté.
Tiebauz s'estut, si a .I. poi pansé 4025
que, s'il l'ocit, ce sera grant vilté;
an son vivant li sera reprové.
Il an [a]pelle .I. païen, Salatré:

3995 *ms.* omits "si", emended after *A* —
4002 *ms.* "a lapideir", "a" is possible an inverse graphy for "et"
4028 *ms.*: il anpelle: emended after *B* —

"Ou est la feme qui l'anfent a gardé?"
"Je suis ci, sire, dites vos volanté." 4030
Tiebauz li dist : "Or me di verité;
conment as tu de cest enfent ovré?"
"Par Mahomet, que je l'ai acorne[té!]
A ma memelle n'a tochié n'adesé,
ne la presist por .M. mars d'or pesé; 4035
par felonie a mainte fois juné,
mais d'eve boit .I. seter mesuré;
mal soit del baing que li aie tenpré.
Cant Loquifer, qui me norit soé,
a mort ses peres, molt durement lou hé. 4040
Se ge seüsse plus a d'un mois passé,
ja li eüsse lou cuer el cors crevé,
ou an dorment an son lit estranglé;
car mainte fois m'ait del pié si hurté,
pres qu'il ne m'ait tot lou ventre efrondré; 4045
ancor me dolent li flanc et li costé.

Fo. 296 c Je l'ocirrai, s'il m'est acreanté!"
Tiebauz l'antent, l'anfent li a livré;
"Or va," dist il, "fai en ta volanté."
Mais Picolés a forment sospiré; 4050
molt est dolant de ceu qu'i l'ot anblé,
et Renoart qui molt l'avoit amé.

XC

Or est li anfes a martire esgardés.
A sa norrice est li anfes livrés.
Par les bras fut do palais traïnés, 4055
et Picolés an fut forment irés.
Mahomet jure et la soe bontés:
"Se ge vif longe, chier sera conparés!"
.I. Sarrasins qui ot non Giboé,
niés Loquifer et de sa seror né, 4060
a feu conmende que il soit tormenté.
Païen li crïent : "Li feus est apresté!"
Es la norrice, ses cors soit vergondés
qui plus est noire que aremens triblés;
grant ot la gole, demi piet mesuré; 4065

4033 *ms.*: acorné: emended after *AB* —

de ses mamelles vos dirai verité,
en .I. lit ot .VI. paien engendré;
li .III. sont mort, et li .III. sont remés.
Chascons estoit de Maillefer ans né;
sous qui sont mort ot a ses poinz tüés, 4070
et au .III. autres chascon les iolz crevés;
de ses joiaus lor avoit ja mostré.
Dist Picolet : "Or ai trop anduré.
Se plus lou soffre, recreans suis prové! "
Il prist une herbe, ses ait si enchantés 4075
et anbeüis et si anfantosmés,
a terre chiet chascons tos anversés;
ne se meüssent por estre demanbrés.
Cant ce ot fait, si ait les huis barrés,
dont prist ses pec, ses ait tos descopés. 4080
A l'anfent vint, sel prist par les costés;
del donjon ist par mi la fenestrés;
selonc lou mur est si soef colés
que l'anfes n'est ne bleciés ne quassés.
Cant vint a terre Picolés li sanés, 4085
droit a la mer s'an est acheminés;
la nef trova a roi Tiebaut l'Escrer;
sous qui anz ierent a [tres] tos descolés,
et .I. a .I. dedens la mer rüés.
L'anfent saissit, del port est esquipés; 4090
.I. vens les güie qui bien les a menés.
Devent Monnuble es les vos arivés.
Mors est ses freires, Auberons li ans nés.
Cant Picolés an sot la verités,
l'anfent mist jus, en la ville est antrés; 4095
les degrés monte, el palais est montés;
cant l'ont veüt, forment l'ont acolé;
tuit li baron li firent fëauté,
si li rendirent la maistre fermetés;
et Picolés est a ous acordés. 4100
Cant il fut d'ous tres bien asseürés,
por l'anfent vait et ses riches barnés.
A molt grant joie fut la dedens portés;
or iert baigniés, noris et conraés,
et de tos jeus apris et dotrinés. 4105
Cui Dex aïe, molt est bien assenés!

4088, *ms.* "tos", emended after *AB* —

XCI

Or est li anfes de grant peris guaris;
or iert baigniés et richement garnis,
et de tos jeus ansaigniés et apris.
Or vos dirai de Tiebaut l'Arabis. 4110
Au matinet quant jors fut esclarcis,
de Maillefer a demandé et quis
se il est ars ou noiés ou ocis.
.I. Sarrasins vint el palais antis;
cant vit les mors, si s'an est afouïs. 4115
A roi Tiebaut s'an vint espoeris,
an halt parole, si que bien fut oïs :
"Hei, rois Tiebauz, antendés a mes dis!
Ans tel mervaille de tes iolz ne veïs,
car Maillefer en est portés ravis, 4120
et Picolés a vos homes ocis;
alés s'an est en estrange païs;
l'anfent enporte qui pros est et gentis."
Et dist Tiebauz : "Dont nos ait il traïs!
Mais, par Mahon qui tant est signoris, 4125
se jel puis prendre, por voir sera honis!"
Que qu'il devisent lor parole et lor dis,
.I. mariniers lor escrie a halt cris :
"Tiebauz d'Arable, molt estes escharnis,
car anblee est ta grant nés seignoris, 4130
et Picolet a les gardes ocis.
Voille levee, s'an vait an son païs!"
Tiebauz l'antent, a poi n'enrage vis;
d'ire s'esprent, si est an piés saillis.
"Or tost!" fait il, "gardés que il soit quis! 4135
Riches sera qui lou m'amenra pris!"
Atant s'esmeuvent Sarrasin de grant pris,
si ont cerchié les estranges païs;
n'en trovent mie, aieres se sont mis.
A Renoart voil restorner mes dis 4140
qui an la mer o Chapalu s'est mis.

XCII

Renoars est an mer voile levee.

LA BATAILLE LOQUIFER 143

An Loquiferne venist ans l'anjornee,
mais Chapalus a si(t) la nef grevee,
vers Renoart a traïsson pansee 4145
por lou covent que il ot a la fee;
jamais si grande ne sera porpansee.
Vers Borïene a la nef restornee;
a une roche l'a si fort ahurtee
que la nef est par mi lou fons quassee. 4150
Li mas desront, la voile est defermee;
de toutes pars est dedens l'eve antree.
Chapalus voit que la nef est quassee;
il est saillis en mer a la noee,
plus noe tost que balaine ne faee. 4155
A vois escrie : "N'i a mestier celee.
Renoars, freire, vostre vie est alee;
ce vos a fait faire Morgue la fee.
Je m'en revois, ma poine ai achivee;
vostre proesce est del tot afinee. 4160
Tant me batis an la sale pavee,
ja la dolor ne m'en iert trespassee! "
Renoars l'ot, s'a la color müee;
devent lui voit une grant cloie lec;
par maltalant l'a Chapalu rüee; 4165
lo cuir li ront, tres par mi l'eschinee,
an plussors leus ait la char antamee.
Renoars voit sa mort si aprestee,
chiet, si sa loque a fons en est alee;
Fo. 297 b prent s'ai une ais, sa corpe ait reclamee, 4170
Sainte Marie a sovent escrïee :
"Vierge", fait il, "Roïne Coronee,
a vos soit m'arme hui cest jor conmendee
que enuit soit devent Deu ostelee.
Ahi, Guillelmes, si dure destinee! 4175
Deu te dont force, car la moie est alee! "

XCIII

Or est li bers Renoars an la mer,
forment s'esmaie car il ne seit noer.
Il tint une ais qui no lait afondrer;
grans sont les ondes, si lou font anverser; 4180

anprés la mer lou refont adanter.
D'ores en autres se prent a escrïer.
Tant fut lassés, no pot plus andurer;
l'onde lou fiert, l'ais li fait eschaper.
"Belle seraine," dist Renoars lou ber, 4185
"or vos voil ge de covent apeler;
cant ge te vi antre mes bras plorer
et ge te vi durement sospirer,
je t'en laissai par tel covent aler
que me deüsses molt bien guerredoner; 4190
or te voil ge de covent apeler.
Aidiés me, belle, nel devés refusser."
"Saint Jelïen," dist Renoars lou ber,
"s'or me voliez de cest peril geter,
moines seroie, a Deu lou vol voer; 4195
trop ai mal fait, si m'en veul amender.
Mort ai mes freres, mon pere vi tüé."
A ces paroles que vos m'oés conter,
vint la seraine qu'il laissa eschaper;
o lui an vindrent plus de .C. sans falser; 4200
les .II. en vont Renoart acoler,
et .II. davent por son chief solever;
lors conmencierent totes a chanter,
ci halt, ci bas, ci serit, et ci cler
que li poisson an laissent lou noer, 4205
et li oissel an laissent lo voler.
Por lor dolz chant s'andort lou bacheler;
celles l'anportent a rivage de mer;
sor Porpaillart vinrent a l'ariver;
dorment lo laissent, pansent del restorner. 4210

XCIV

Fo. 297 *a*   Renoars dort sor mer an .I. larris;
cant s'esvailla, si fut molt esbahis.
Voit Porpaillart, la ville et lou païs;
bien lou conut, celle part est guenchis,
vient au palais dont il estoit saissis, 4215
doné li ot Guillelmes lou marchis.
Des borjois fut honorés et servis,
des chevaliers fut forment conjoïs.

Remanbre li de sa feme Aälis,
de son enfent Maillefer lou jantis; 4220
lors a tel deul, a poi n'enrage vis.
Desront ses dras, esgratine son vis.

APPENDICES

A   Text of *E* from v.262 of base text and Laisse IV*a* peculiar to *E* alone.

B   *E* from v.660-680; cf.*D* and Laisses X*a-b* peculiar to *E* alone.

C   Laisses XI*a* and *b* of *E* —

D   Passage in *ABEF* after v.856 but omitted by *D* —

E   Laisses XXI*a* and *b* found in all mss. with the exception of *D* —

F   Laisse XXIII*a* of *E* —

G   Laisse XXXIII*a* of *BEF* missing in *D* —

H   Lines with which *ABEF* conclude Laisse XXXVI, preceding v.1992 of *D* and passage in *ABEF* before v.2008 lacking in *D* —

Passage in *ABEF* preceding v.2362, lacking in *D* —

J   Laisses XLVIII *a* to *e* peculiar to *E*, preceding v.2536 of *D* —

K   Passage in *ABE* following v.2593 of *D* which is lacking in *D* —

L   Passage in *ABE* following v.2665 of *D* which is lacking in *D* —

M   1) Passage in *E* preceding v.3031 and 2) Passage in *A* following v.2745.

N   *E*, additional lines at end of Laisse LX, replacing Laisse LXI omitted.

O B^1 following v.3488 and preceding v.3491.

P B^1 Laisse LXVIII*a* replacing Laisse LXIX which is omitted and B^2 from v.3517 and preceding Laisse LXX of *D* —

APPENDIX A

Text of *E* from v.262 of base text and additional laisse in *-i* peculiar to *E* alone

Lors le saisirent et devant et derier;	cf.v.261
entr'aus le prendent si fort a porsacier	
que son bliaut li fisent depecier.	cf.v.262
Yzabras hauce a .II. mains son levier;	
R. cuide tout confondre et brisier,	
mais il guenci par delés .I. solier.	
Ains que li Turs puist son cop rehaucier	cf.v.268
le fiert li ber de son baston plenier:	cf.v.270
par mi les bras consuī l'avresier.	
Tel cop li doune a cest estor premier	
que le baston convint par mi brisier	cf.v.271
et le p. de ses bras esloisier.	
Mai[s] R. qui n'ot pas cuer lanier	
se poine molt de son baston vengier.	
Il gete a terre son bastoncel legier	
et vait au pont une plance erragier;	cf.v.272
ne le peuisent .V. vilain encargier.	
Ausi le lieve con .I. rain d'olivier.	

IVa

Li chevalier ne sont pas esbahi,	
bien se desfendent au hustin et au cri	
et li p. qui sont lor anemi	
sont de paor ens en la mer sali.	cf.v.307
La rive est haute, onques nus ne vit si.	cf.v.306
Tuit i sont mort et noié et peri	
et R. ne s'est mis en oubli.	
Voit Yzabras qu'il ot mort et fini,	
son boin aubert de son dos li toli;	cf.vv.399-400
isnelement l'endosa et vesti	
et si laça son bon elme forbi.	
Reclamă Deu qui onques ne menti:	
"Peres propises, je te requier et pri,	
si voirement con tu m'as converti,	
que nos seceures a cest caple furni	
que en cest jor ne soiomes honi	
que ge voi bien que nos somes traï".	

APPENDIX B

E, from v.660 to 680, cf. base text.

Par traïson m'est vos covent falis".	616*E*
Lors fu li glous par les cevaus saisis,	
contre la barge et ruès et laidis	
que tous les os li a frains et partis.	
Dist R., : "Fuis a putain mentis!	620
Mar i avés vos p. conviertis.	
Encor ancui vous arai je fet pis".	
Son levier hauce qui fu de fier masis.	
Tant fiert et caple sor les Turs maleïs	
que tous les a tués et desconfis.	625

Laisses interpolated by E, peculiar to this manuscript alone. (The numbering is that of *E*).

Laisse Xa

Mort sont p.li felon mescreü.	
Tant i feri Rai. par viertu	
que tuit sont mort, noié et confundu	
fors que .XIV. qui vif sont remanu.	
Et Clarïons li parjurés kenus	630
Son sairement n'a mie bien tenu.	
Mal guerredon en a li glous eü	
que R. li a .I. oel tolu	
et l'un des bras li desevra del bu	
et une orelle au gloton mescrü.	635
Le nés li cope et se li a fendu.	
Tuit li .XIV. sont ensement perdu.	
Ensamble sont loié et retenu	
por present faire a Tieb le kenu,	
celui qui croit Mahomet et Cahu.	640
Dans R. durement se dolu	
de çou qu'il ot longement conbatu.	
De sa victo[i]re mercie molt Jhesu	
et son levier qui forment li valu.	
Il vit tele eure en l'estor u il fu,	645
ne le dounast por plain val d'or molu.	

Laisse Xb

Rai. fu en mer en grant pesance,
il et sa feme qui molt fu preude femme.

APPENDIX B

Le tref abat que li vens ne s'i lance. 650
Deu reclama par boine connisance
qu'il le delivre de sa grant mesestance:
si voirement con en lui a fiance
.I. poi ançois que li vespres s'avance   cf.v.666 of *D*
vit une nef a une ensegne blance. 655 cf.v.667
Crois i avoit de molt rice sanblance;
marceant ierent, cou ert senefiance,   cf.v.668
tuit marceant qui repairent en France
et .I. marcis qui ert de grant vallance.
De Malferras iert només tres s'enfance. 660 cf.v.672
Cescuns avoit fervestie sa pance
que de p.avoient grant doutance.
Garni estoient et d'escu et de lance
car il n'avoient entr'aus nule fiance. 664

V.13 (v.638 of *E*) of Laisse Xa has been repeated twice and, therefore, omitted.

APPENDIX C

Laisse XIa

A Porpallart qui siet sor la marine	
ot molt grant joie de la gent paienie	
dont R. a fait tel desepline.	
Dame Aëlis a la colour rosine	765E
en est entrée an la cambre perine;	
puis est asise par desous sa gordine.	
Ele estoit grose et priés de sa gesine.	
A li siervir i vint mainte mescine	
qui par biauté peüist iestre roine.	770
Puisons li font d'ierbes et de racine,	
mais a grevance ne vaut riens medecine.	
Quant ce parvint au jor et au termine	
que delivrer se dut la palasine,	
.VIII. jors travalle de sa grande maline.	775
Et, quant li enfes dut venir a s'orine,	
li cuers li creve, s'est keüe sovine.	
Une des dames qui priés li fu voisine	
oevre les flans d'une meure acerine.	
L'enfant en traist par desous la poitrine.	780
Plus estoit grans si con mes cuers devine	
c'uns de .VII. ans qu'orendroit cemine.	
Morte est la dame qui tant est bele et fine.	
Li duis enforce par la sale perine.	
Quant R. en oï le covine,	785
il tort ses puins et sa face gratine;	
dou sanc qui ciet devint toute sanguine.	
Enpriés deront sa vesture porprine.	
Tel duel demaine et si ruiste corine	
que de sa joie confont tous et decline.	790
Les dames prendent l'enfant en lor saisine.	
Si l'envolopent dedens .I. blanc hermine.	
Crestïener le keurent de ravine;	
por çou c'on cuide que la mors l'entraïne	
l'ont batisié en une grande tine.	795

Laisse XIb

Par molt grant haste fu l'enfes porsegniés,	
en une tine levés et batisiés.	
Por çou qu'a fier fu de ventre saciés	cf.v.787
fu Mallefiers apielés et huciés	cf.v.788
Molt par fu grans de gambes et de piés	800

et par le cors fu si bien aguisiés
con se il fust a mains fais et talliés.
La dame est morte dont li dious est getés.
R. pleure qui molt est anguisiés.
"Hé, las"! dist il, "jamais ne serai liés   805
quant de ma femme sui si desconsilliés.
Sire Guill., grant onor me portiés.
Por vostre niece m'avés estés bons niés.
Nostre lignages estoit bien aloiés
quant ma seror dame Orable aviés"   810
et je vo niece et .II. cités en fiés.
Por vous estoie cremus et resogniés
et ounorés partout et essauciés.
N'est pas mervelle se je sui coreciés!
E! las! jamais ne serai rehaitiés"!   815
Li duis enforce qui n'est mie laisiés.
Ens el demain quant jors fu esclairiés,
vient a l'eglise li barnajes proisiés.
Le cors enportent dont mains hons fu iriés.
Quant le siervice ont parfait li clergiés,   820
la dame asolent de trestous ses peciés.
A l'enfouir fu li dious enforciés.
R. crie, ses crins a erragiés
et tous les dras derous et depeciés.
Tel duel demaine sor tous les corociés,   825
sou siel n'a home qui n'en presist pitiés.

APPENDIX D

856*a* Tous ses barons a (s.b.a.t.*B*) ensamble mandés *ABEF* (*and passim*)

b En mi (ens en *E*) .I. pré est (sont *E*) a consel alés —

c Ensamble (avoques lui *B*) o lui (e.furent *E*) .XV. rois coronés —

f Tibaut d'Arable i fu le beaus armez (T. i f. li .I. des plus privés *E*) —

g Rois (Desra. *ABF*: li rois de Cordes *E*) les en a (1.a.tous *B*) apelés —

h "Baron", dist il "quel consel me: donrez $A^{24}EF$; donez" A^3B)

i De R. qui est cresẗienés —

j Et (au marchis G. *ABF*: a G. mon anemi *E*) s'est tornés (atournez *B*) —

k Plus a (m'a *EB*) ocis de .XXX. (.XV. *E*) mil Escler (armés *E*) —

l Se ne m'en (me *F*) venge (g'en *A*: ge *F*: ja *E*: vis *B*) serai forsenés —

m T. se dresce (parole *E*) si est avant pasés —

n "Amiraus sire (Desramés s.*E*): (entendez se voulez *B*: de coi vous esfreés *E*: dit il or *ABF*: m'entendez *AB*: antendez *F*: entendez se voulez *B*)

o Par Mahomet coarz estes (provés $A^{24}BF$: clamés A^3); molt est grans honte sque si vous dementés *E* —

p Quant (et c'un *E*: que .I. *F*): .I. seul home (si forment AB^2F: tant f. *E*: ainsi vous B^1) redotés.

q Molt (ce *B*) est grant honte endroit vos et viltez. *E om.* —

r Mes par Mahon (par Mahomet *E*) se mon consel crëez *AEF*: par Mahomet a cui me sui donez *B* —

s Eincois .I. mois (ainz .XV. jors *E*) (ert *AF*: iert A^2BE) mors et afolés —

APPENDIX D

t Mervillouse os de Sarr. avés *E*: Molt (as *A*: es *F* ai *B*) grant o.d. Sar.armez (mandez *F*) *ABF* −

    u Et li navies est ci (e.les dromons sont ja *B*) touz aprestés −

    uu Et le navire les barges et les nés *B*. *AEF om*. −

v Entromes ens et soions *E*: entrons nos anz et si nos *F*: entrez (entre A^4) dedens *AB*: et si vos *B*: en mer vos *A* : esquipés −

    w Assie (asseez *B*: asesions *E*) Orenge environ de toz (et en *E*) lés −

    x Tant que (G. soit pris et atrapés *E*): p.s.G. au cort nez *AEF* −

    y A cevaus *AF* (et a.c.*B*) soit (li siens *AF*: son *B*) cors traïnez *ABF*: puis s.li glous a.c.t.*E*) −

    z Et Dame Ora. soit arse en (.I. grant pré *F*: .I.g.rez *B* : .I. ré *A*) *ABF* − Et Orable arse qui tant nos a penés *E*: et dame Ora. i soit arse et trainez A^3 −

    aa Por R. ne vous desconfortés *E*: Et R. qui tant est forsenez *ABF* −

    bb Q. par Mahon a cui je sui voés *E*. *ABF om*. −

    cc Occirai ge (je l'ocirai *E*) si que vous le verés −

    dd Dit Desr. [beaus niés *AF*: li rois respont b. amis *E*: par Mahon B^2: vous *AF*: vous certes B^1) non ferés −

    ee C'est .I. diables (malfé B^2) de folie parlez (trop est grans sa fiertés *E*) −

    ff .I. tinel porte qui est grans et quarés *E*. *ABF om*. −

    gg Contre ses (ces *F*) cos (son cop *A*) n'averiés ja durés *E* : mie ne durerez *B:* ne pourriez *A :* serez ja *F*) durer −

    hh Dist T. (Tib.d. *B*): oncles (trop *BE* : toz *AF*) estes aso *ABF*: et d.T. trop vous espoentés *E* −

    ii Se ne l'oci a (as *B*) forkes me pendés −

APPENDIX E

LAISSE XXI a

Dist Picolés (li sires ABF : qui fu nés E) de (Palerne ABF : Galerne E) $ABEF$ & passim —

Cil Mahomet qui nos (pest AE : fist B) (et ABE : n. païs F) governe —

Saut (Loquifer le roi de Loquiferne ABF : Desramé et Tieb. de Salerne E) —

Et (Desramé et T. ABF : de Palerne F: Salerne (A) : qu'est en guerre B^2 : Loquifier le roi de Loquifierne E) — E inverts v.3 et v.4.

Et Sinagon (qui tient BEF : le seignor de AE quite E : toute BF) Palerne : (Odierne B) —

Et Esmeré qui tient quite Odierne AEF — B om. —

Rois lai ester BE : lai ore e. F: ton BF : le E : geu BEF : que je t'en ferne EF : et ta reverne B — A om.

Je te dirai une raison si perne (terne E) AEF : dire te veull doulereuse nouvele B —

De R. qui (claime Loquiferne (Gadierne E) AEF : contre toi revele B^2—

A Loquifer veut clamer Loquiferne B^2— AEF om. —

Et tout le regné (mont E) si con pluet et yverne (governe E) : aussi c'on le gouverne B —

Tout conquerra (ce dist BEF) : (dusqu'en BE : desi qu'en A^3 : jusqu'en A^4F (Biterna A^3) —

Q. ne vous prise (crient B) vaillant une lanterne (cinele E)

LAISSE XXI b

Dist Pecoulés "amiraus riche sire —

Li quens Guill. vous mande (bien par AF : p.grant E) ire AEF : Guill. mande (ge le vos veull bien B^2 : bien le v.v.) dire B —

Et R. qui (vostre A^3B : nostre A^4EF) loi empire —

APPENDIX E

Et tuit li autre si con il sont a tire —

Q. (nostre A^3BEF : vostre A^4) gent (cuident A^3B^2 : cuide A^4B^1F) bien ABF : qu'il voront tous vostre gens E) desconfire —

N'en AB : ne F(tornera AF : estordra B^2 : retorra B^1 : n'escapera E) li miudres ne li pire —

Et R. qui n'a pas braz de cire —

Vuit Loquifier a son tinel ocire —

Tout AEF : seul B : cors a cors $ABEF$: trestot devant A^3 : devant trestot A^4 : voiant tout BF : et voiant E:l'enpire A : son empire BF : vostre empire E —

Bataille arés nel poés contredire E — ABF om.

Or esgardés q. vous en vorés dire E — ABF om.

Desramés l'ot (parfondement AF : de maltelent E) souspire AEF : n'en ot talent de rire B —

Del cuer du ventre (a granz souspirs B^2 : parfondement B^1) soupire B — AEF om.

Tant durement se courouce et aïre E —, ABF om. —

Por .I. petit que tous ne se descire E — ABF om. —

For the following lines, compare Laisse XXII of D

Quant Loquifiers ot Pecoulet parler $ABEF$ & *passim* —

Que R. (se veult ABF : vuit a E : a lui joster ABF : lui ajouster E : meller —

De maltalant conmence a (escumer AEF : suer B^1 : tressuer B^2) —

Et se dreça et laisa le juer E — ABF om. —

De son pié destre va le table hurter E — ABF om. —

Par teil aïr qu'en mer le fist voler E — ABF om. —

Il (lors E) conmanda BEF (demanda A^3) sa loque a aporter $ABEF$ —

Et dist au roi q. les lui vit ester E — ABF om. —

Mahomet jure (par Mahomet BE) : (ja BEF : mar A : m'i A^4BF : me E) verés aler —

Ne mengerai tant (con ABF : conme EB : puist E : il puist A : puisse B : il puent F) durer —

Lui et Guill vueil (cuic E): a .I. cop (ensemble A^3) tuer — cf. v.1256

Et tos les autres occire et affronter (afoler E : desmembrer B) — cf. v.1257 — F om. —

Mar troverai Sarrasin ne Escler — cf. v.1258

Qui ja me doie (doient F) encontre (li AF eus B^1 : touz B^2) tensser ABF : q.j. contre aus me viegne detenser E — cf. v.1259 —

Tous seus vorai le pais aquiter AE (conquester B) —cf. v.1260—

APPENDIX F

E. Laisse XXII a

Rai. fu de mervillous confort.
En Deu s'afie, si n'a mie de tort
car il vaut mius que tuit li home mort.
Forment manace Loquifier de la mort.　　　1460 (*E*)
Quant vint au viespre que li solaus s'endort
et mangié orent a joie et a deport,
li quens apele qui ains ne creï sort:
"Sire, Guill., n'aiés le cuer en tort,
q., par cel Deu qui pecieres remort,　　　1465
mar i entrerent li puant ne li ort,
ne Loquifiers; se a mes cops s'amort
je le ferai tous seus venir a bort.
Hounis sera ancois que il s'en tort.
Apriés vorai si aquiter cest port　　　1470
que nel perdras jamais par nul effort".

APPENDIX G

Laisse XXXIII a (*BEF*)

Li campion sont de molt grant (fort *B*) aïr *BEF* & *passim* —

Honques (si fors ne pot nus hons *B*: nus homs ne pot plus for *F*) veïr *BF* : ains de si f.n.h. parler n'oï *E* —

Or saichiés bien quant ce vient au ferir *BF* —

L'uns requiert l'autre por son cors maleïr *E* —

D'une (grant *BF*) liuée pot (peut: *BF*) : (l'en B^2 on) les cos (l'estor *E*) oïr —

Et feu et flame font contremont (des iames *BF*) salir —

Li fiers ne puet contre l'acier garir —

Ne les grans (as ruistes *F*) cos endurer ne soufrir (et santir *F*) *EF* — *B* om. —

Qu'il ne l'estust u ploier u croisir *E* — *BF* om. —

R. set bien cacier u fuïr *E* — *BF* om. —

Renoars fu isnax si (bien *F*) sot fouir (gainchir *F*) *BF* —

Et du (de *EF* : son *E*) levier (geter *B* : jotier *F* : et *BF* : richement *E*) escremir —

Mais (et *B*) : (n'a escu dont se puisse *E* : neporquant *BF* : il ne se *BF* : sot *F* : pot *B*) covrir *BEF* —

Hardiement (ruistement *E*) va (Loquifier *E* : le *BF* : roi *F* : Turc *B*) envaïr —

Li paiens (Loquifier *BF*) hauce qu'il (qui B^2F) le cuida (cuide *BF*) ferir —

Parmi (le *E* : son *BF*) hiaume (que fist a or brunir *E*) mais (bien se sot *B* : il sot bien *F*) *BF* : guenchir *BF*.

Mais R. fu sages del guenchir *E* —

Contre le col achiver et saillir *BF* —

Ce fist sovent le Sarr. (falir *E* : fremir *BF*) *BEF* —

Qui le veïst forsaner et marir *E* —

Sa grande loque paumoier et tenir *E* —

Et Mahomet vergonder et laidir *E* —

Bien le deüist redouter et cremir *E* —

De R. tuer a grant desir *E* —

Molt est dolans (formant *BEF* : l'an *F* : li *B* : poise *BF*) quant ne *EF* : n'en B^1 que nel B^2: le *E* puet *BEF* : maubaillir *BF* : saisir *E* —

Ja li fesist l'arme del cors partir *E* —

De (par *B*) mautalant commansa a glatir *BF* —

De mer hautaine (fet la rive bondir *B* : puet on le frein oïr *F*) *BF* —

Tel noise maine la tiere fait fremir *E* —

De (sous *BE* : sor *F*) ses piés (et croller et bondir *E* : la fesoit retentir B^2 : fait la terre bondir *F*) l'a fet molt retentir B^1.

APPENDIX H

Lines with which *ABEF* conclude Laisse XXXVI and which precede v.1992 of *D*

La broiches sont faites de bon acier *F* —

A hautes voiz conmença (conmanse *F*) a huchier *ABEF & Passim* —

Sainte Marie (vous doi je *BEF* : graciier *E* : mercier *BF* : or vous ai je molt chier *A*) —

De tel baston avoie je *ABF :* car jou del fust avoie grant *E* : mestier —

Lors passe avant car n'i (ne B^1) vout delaier *B* : *AEF mo.* —

Son anemi voroie damagier *E* —

Et sa macue fierement asaier *E* —

Le paien va ieus .IV. cos paier *E:* tiex .IV. c. en feri *ABF:* Loquifier *AF :* l'aversier *B* —

Vousist *A* : ou voille B^1 *:* que voille *BF* : que par angose *E* : ou non le convint *ABF :* le covient angoser *E* : trabuchier *BF* : enbronchier *A* —

Et (devent lui .II. fois *E* : des genous d. AB^1F *:* a terre B^2) agenoillier —

APPENDIX I

Passage which precedes v.2362 in *ABEF* and which is lacking in *D*

Voelent u non sont andui trebucié *E* —

En sus de lui l'a .I. pou esloingnié *A* —

Au saillir sus a le Turc si sachié *ABF* —

Isnelement sont en piés *E* : qu'encontremont s. andui *B* : or s. andui *AF* : ancontremont *F* : li baron *A* : redrecié *ABE* : drecié *F*. *ABEF* & *Passim* —

Andoi *B* : il *AEF* : s'embracent *B* : s'entrabatent *EF* s'entrebracent : fierement ont luitié —

Renoars l'a *B* : mes R. *AEF* : a *EF* : s'est *A* : durement *EB* : souffaquié *B* : fierement manoié *B1* : molt forment *AF* : aidié *ABEF* —

Car *B* : que A^4EF : qu'il A^3 : n'estoit mie d'armes *B* : trop B^2: molt B^1 : fort *B* : n'ot *AF* : trop d'armes mie son cors *F* : le cors pas d'armes trop *A* : son c.d. n'ot mie trop *E* : chargié *ABEF* —

Molt sot de tors *ABEF* : molt *B* : bien *AEF* : l'en ot *BEF* : en fu *A* : afaitié *EF* : enseignié *AB* —

Cil (cis B^1) qu'el (qui *EF* : nourri *B* : norist *F* : bien l'en ot B^2 : molt b. l'ot B^1 : l'ot m.b. *F* : l'avoit apris et *E* : ensignié *EF* : afetié *B*) *BEF* —

Mais puis l'ocist *EF* : a duel et a *E*: auques n'i ot *F*: mestier li ot e. si n'i ot *B* : pechié *BEF* —

Car il l'avoit *EF* : et si l'en ot *B* : batu et [ledengié *BE* : losaingnié *F.*] *BEF* —

Li campion sont forment corecié *E* —

Or (si *E*) ont andui (antr'aus *F*) tel (la *B*) luite *ABE* : au luitier *F*: l'un l'autre B^2: commencié *ABEF* —

A bien tourner molt s'en sont esforcié B^2: tel estour ont de luitier enbracié $B1$ —

Ne (finera desi a l'anuitier *A* : finerent dusq. *F*: qui *EB* : n. faudra *B*: n'iert finée devant *E* : jusqu'au *B*: soleil couchié *EBF* —

Ainz (en *ABE* : ne *F*) sera *BF* : avra *AE* : li uns si *AEF* : li .I. d'euls *B* : baaillié *AE* : mehaignié *BF* —

Que (et *B*) par angoisse avra le cors (cuer *B*) : irié *B* : plaié *AF* : noié *E* —

Dame Guibourc a doucement (durement *B*) proié *ABF*

Que Dex (a Dieu *B*) : ait hui *AEF* : qu'il ait *B* : de Renouart *BE* : de son frere *AF* : pitié —

Et qu'il ne soit honni ne vergoignié *B* —

Et Sarrasin ont Mahomet (a Mahon *B*[2]) huchié *ABEF* —

Qu'a (que *E* : quant *A*[3]) Loquifier ait (aist *A*) par amistié (p.sa pitié *E*) —

Mas malement (mauvesement *B*) : li a le jour aidié *ABF* : malement l'a li siens dex consillié *E* —

Le cief perdi ains le solel coucié *E* : quar ainz le vespre (la nuit *B*) avra le chief tranchié *ABF* —

LAISSES XLVIII *a* to *d* peculiar to *E* preceding v.2536 of *D*

Laisse XLVIIIa

Otrans de Nubles a sa raison reprise: 2900*E*
"Sire", dist il, "je vos aim san faintise. Qu'il
n'a si grant de ses jors jusqu'an Frise. En
cele tor qui est de marbre bise
l'ont .III. dames, si l'oï, en tente mise
q. d'autre afaire n'iert ja nule reprise. L'une le   2905
lieve et li viest sa cemise
et par desus une pelice grise.
L'autre l'aleute et norist a l'alise.
La terce apriés i refait son service.
Sovent le bagne que point ne le debrise.   2910
L'enfes a non Mallefiers en batisme.   Cf. v.2549 *of D*
Mais, s'il vit tant queil face justice,
plus avra cuer et orguel et faintise
et de mal faire sor paien convoitise
que R. si mal nous aatise.   2915
Or en prendés boin consel adevise:
Se on le puet enbler en nule guise   CF. v.2553
par tel manere seroit acorde prise
et boine pais otroié et promise.
Et si avroit Mahon a garantise.   2920
Encor seroit Orenge reconquise.
Dame Guib. qui si mal nos atise
seroit a nous, u ocise.
De Crestïens ferïens grant justice.
Tout conquerriens desi a Saint Denise".   2925
Desramés l'ot, si pense et dist et vise. Cou
c'Otrans dist loe forment et prise.

Laisse XLVIIIb

Quant Desramés entendi la parole
saciés por voir ne le tint mie a fole.
Otran de Nule doucement en acole.   2930
T. d'Arabe et .V. rois de s'escole
por consellier s'asamble a carole.
Cescuns nos gens par sa langhe decole.
Por Maillef. entrent en tel riole
dont mains Turs ot brisié la canole   2935
et par le col de sanc vermel estole,
ains que pasast li haus jors de maïole;
et R. qui si fiert et escole

por raençon n'en mist .I. en gaiole.
Mains hom porçace tele rien qui l'afole; 2940
sovent avient qu'il en muert et adole.
Cil Pecoulés qui parmi la mer noe
enbla l'enfant qui la car avoit mole. *Cf. v.* 2575
Tant iert petis qu'encor on l'enmaiole. *Cf. v.* 2576-84
En Loquifierne l'ont porté en la nole. 2945 *Cf. v.* 2588

Laisse XLVIII c

Lor consel finent Sarr. et Piersant.
Rois Desramés ne se va delaiant;
ains apela Pecoulet le vallant.
N'ot tel baron jusqu'en Inde le grant.
Onques Maugins ne sot encore tant, 2950
il ne Basins qui Karlon fist dolant
de s'or tresor qui valoit maint besant
qu'il li toli conme lerre en enblant.
Li rois l'apele, si li va consellant:
"Pecoulet, frere", dist il, "a moi entent. 2955
Tu en iras san lo[n] ges demorant
en cele tor de marbre ci devant
por Malef. que troveras dormant.
Se tu pooies ça aporter l'enfant
d'une cité te feroie manant". 2960
Pecoulés dist, : "Tout a vostre conmant.
Ja, par la foi que doi a Tervagant
n'iert tant repus ne gainés en vollant *cf. v.* 2555
que nel vos renge ains le solel levant". *cf. v.* 2556
Desramés l'ot, si l'en va merçiant. 2965 *cf. v.* 2557
Il estoit nuis, jel vous di et creant;
desi au jor ot .II. liues dorant
et Pecoulés s'en torna maintenant.
Il est salis en la mer ondoiant: *cf. v.* 2566
.II. tors s'i torne, si va plus tos noant 2970
que ciers ne cievres que li leus va caçant. *cf. v.* 2561

Laisse XLVIII d

Pecoulés noe si a ses bras tendus.
Li flos l'enlieve et si l'avance plus.
Il vint ariere, si est de mer isçus.
Molt s'est li lere sagement maintenus. 2975
Tout coiement est a la tor venus. *cf. v.* 2562
La gaite velle et si corne lasus.
Sor le mur monte Pecoulés li membrus.

Tost fu a tiere Pecoulés descendus.
Voi le la gaite, cele part est courus.   2980
Quant il le vit qu'il estoit si velus
et qu'il n'estoit ne cauciés ne vestus,
tel paör a, por poi qu'il n'est caüs.
En fuiés torne et s'est molt bien repus
q. por .C. mars ne fust puis acorus.   2985
Pecoulés s'est viers la sale enbatus.
Les huis trova bien serrés et tenus.

Laisse XLVIII e

Pecoulés voit que li huis sont baré:
.I. carmin dist que bien avoit usé,
si furent tos ouvert et desbaré.   2990
Li lere i entre coiement a celé;
ne pert del jor encor nule clarté.   cf. v. 2565
Il vient au feu, .I. cirge a alumé.   v. 2566
N'ot en la sale home de mere né,   v. 2567
fors. III. norices et .I. clerc ordené.   2995   v. 2568
Tant quist li lere qu'il a l'enfant trové   2569
en une cambre qui fu d'Antiquité;
devant lui sont .IIII. cirge alumé.   2570
Les dames l'ot bagnie et remué   2571
et li clerc l'ont presignie et canté.   3000
Les dames vellent qui l'enfant ont gardé.
Pecoulet voient, si l'ont molt regardé   2572
q. molt le voient laidement figuré.   2573
Cescune en a le cuer si esfreé
qu'eles l'avoient guerpi et adosé.   3005
En fuiës tornent par desous .I. degré.
Pecoulés a l'enfant pris et combré.   2575
N'avoit encor pas demi an pasé.   2576
Quant cil le prist si a escauciré;   2577
de son pié destre l'a si el pis hurté   3010   2578
que devant lui l'abati reviersé.   2579
Dist Pecoulés : "Or i soient maufé.   2580
Ains mais ne vi enfant de tel aé   2581
avoir tel force ne si grant poesté".   2582
Par droite amor l'a .III. fois acolé.   3015   2583
Del biere le traist si l'a enmallolé.   2584
Sor ses espaules l'a fermement torsé,
puis s'en torna, n'i a plus demoré.
Del palais ist si a le mur outré.
En la mer entre si s'est .III. tors viautrés   3020   2585
mais de l'enfant n'i a point asené

ne dedens l'onde toucié ne adesé. 2586
A la galie l'en a tout droit porté.
Si le rendi Tieb. et Desramé 2587
et cil le ballent l'amirant Codroé; 3025 2588
en Loquiferne l'en a on tos porté. 2589
La le norisent li p. desfaé,
siervir le font par grant nobilité 2590
Mius lor venist qu'il l'euïsent tué 2591
et piece a piece tout le cors desmembré 3030
q. puis en furent houni et vergondé 2592
et lor païs exillie et gasté.

Laisse XLVIII f

De Mallefier vous vorai ci laisier
que p. font noriret alaitier
a ma batalle me vorai repairier. 3035
Li jors apert, si prist a esclairier.
Sarrasin s'arment li felon pautonnier
l'ile asalirent et devant et derier

ABE lines following v.2593 of *D* which are lacking in *D*. *E* starts a new laisse here. (*Laisse XLVIIIg* of *E*).

Biaus fu li (jors A^4E : tens A^3) : le jour fu bel *B* : si con el tens d'esté *ABE & passim* —

Et Sarr. (li puant *E* : et paien AB) s'ont armé —

.CCCC.M. *AE* (.IV.M. furent *B*) a tant (furent AB^1E ierent B^2) esmé —

L'ile asalirent et (de lonc et de *BE* : encoste et en *A*) lé —

Mes (il n'i ot *AB* : ains n'i ot *E*) : tant *A* (si *BE*) preu ne si osé —

Qui (sont A^4 : soit A^3E : issus as barons ens *AE* : qui as b. s'en *B* : issist $B1$: issent $B2$: hors *B*) el pré —

De lonc lor (lancent *A* : traient *BE*) maint quarrel enpené —

Et gavelos (qui sont d'acier *B* : de fin acier *E*) tempré *BE* : *A* om. —

Des (conpagnons *E* : genz A^3B) Guill. (ont *BE* : a A^3 : i ot assez B^1 : .VII. *E*) : ne sai quans *B* : navré A^3BE — A^4 om. —

Dist R. or ai trop (demoré A^3 : enduré *ABE*) — *ABE*

Par celui Dieu qui (de Virge fu né B^2 : maint en Trinité B^1) *B* : par cele foi que (a Deu ai *E* : j'ai a Deu *A*) porté *AE* —

Se ja ne sont cil chalant remué — *ABE* —

Et il (ne m'ont *E* : n'en ont *B* : cele B^1E : ceste B^2) mer delivré *BE* : *A* om. —

Ja en seront.CCCC. afondré A^4E : afronté A^3B —

APPENDIX L

Passage in *ABE* preceding v.2665 of *D* and lacking in the latter

2664 *a*   Qui li escrie : "Gentil roy naturaus *B* −

    b   Ne l'occi (occis B[1]) mie, ce seroit duel et mals *B* −

    c   Enqu'or espoir l'avra le roy Tiebaus *B* − (encor l'avra espoir le nois T.)

    d   Qu'ele est sa fame bien i peut estre saus" *B* −

    e   Lors la conmande garder a Agrapaus *B* −

    f   .I. fel paien ne fu plus desloiaus *B* −

    g   (Et *B* : paiens *AE*) (sonnent *B* : sonnerent *AE*) lor (grans *BE* : bons *A*) cors de metaus *AB* −

    h   Puis (chevaucierent *A* : si chevauchent *B* : p. s'aceminent *E*) : (les puis et les terraus *E* : et les plains *A* : les terres *B* : et les vaus *AB* −

    i   Ardent et praient (a plains et a bochaux *A* et viles et bourgiaus *B* boschiaus B[2]) *AB* : *E* om. −

    j   Desramés fu liez (joious et biaus *E* : et joians et baus *AB*) *ABE* −

    k   (En pais E : vengiez AB) cuide (estre *AB* ; iestre *E*) : (de ses haïs *E* : des anemis *A* : de ses guerres *B*) mortaus *ABE* −

De Fierebrache qui (tant par est *AE* : est preuz et *B*) loiaus *ABE* −

    m   De R. qui (ses fiz ert *A* : est B[1] : iert s.f. B[2] : est ses fius *E*) : carnaus *ABE* −

    n   Bien (cuide mes c'on let fait de tous saus *E* : cuidoit estre del tot delivré *AB*) : (et sauz *A* : d'aus *B*) *ABE* −

    o   Mes ains (demain que *AE* : que chante demain *B* : chante li oisiaus *E* : chantera li gaus *A* : l. papegaus B) *ABE* −

    p   De lui deffendre sera lassez et (chaus *BE* : maus *A*) *ABE* −

q Ainz (onc *B*) n'acointa (n'encontra *A*3) si dolerous jornaus (maisiaus *E*) *ABE* −

r Q. de la mort i avra .XM. blaus *E* : qu'il y mourra .C.M. paiens par (de *B* 1) ciaus *B* : *A*. om. −

APPENDIX M

A from v.2745 until v.3075. Laisses LIII to LIX of *D* are omitted

Il tret l'espee au brun cotel d'acier.
Seure li cort a guise d'aversier.
Ilueques ot .I. estor si plenier
dont bien se cuident (le cuide A^4) occire et detranchier.
Mais li frans quens ot le corage fier.
Il tret Joieuse dont bien se sot aidier
que li donna Karllemagne au vis fier.
L'escu enbrace a (en A^4) guise de princier
A Desramé se voudra acointier.
Huimés orroiz (orrez A^4) fier estor conmencier.
Ainc par .II. homes n'oïstes si plenier.
Desramés ot le cors et grant et fier
et vertuoux; molt sot de guerroier.
Le conte fiert en son elme vergier
que fleurs (flor A^4) et pierres en fist jus trebuchier.
Tel cop li done, tot le fet enbronchier.
Se Deu ne fust, qui tot puet justisier,
ja l'eüst mort, et lui et son destrier.
Mes li frans quens n'ot pas le cuer lenier.
Ainz se dresca conme bon chevalier.
S'or ne se venge, bien le puis afichier,
il ne se prise vaillissant .I. denier.

Li quens G. ot molt le cuer iré
quant li pa. li ot le cop doné.
Hauce l'espee qui ot le pon doré,
fiert Desramé sor son elme gemé
q. fleurs et pierres en fist jus craventer (q. flore.
p.e. a j. craventé A^4).
Grant fu le cop que li cuens a gité.
Se ne li fust li brans el poing (ou poing l.b. A^4) torné
ja li eüst le chié del bu sevré
et le cheval eüst par mi copé.
Mes li brans est devant (devers A^4) destre torné
q. l'estruviere li a par mi copé.
Li vif deable l'ont ilueques sauvé
quant ne li a le pié au brant copé;
et neporquant si l'a il entamé
q. le cler sanc en chaï seur le pré (sus A^4).
Molt en pesa au fort roi Desramé.
Quant il se sent ainsi forment navré,
par mautalant a le conte apelé:

"Vassal", dist il, "vos m'avez molt grevé.
A bien petit (bien a p. A^4) ne m'avez afolé.
Par Mahomet si t'ai cuelli en hé
ne remeindra por home qui soit né
q. hui ce jor ainz qu'il (que A^4) soit avespré
ne t'aië mort a mon brant aceré.
Ja li tiens dex que tu as aouré
ne te vaudra plus qué un chien tué."(c'un A^4).
Estes les vos au ferir en osté (apresté A^4).

LA BATAILLE LOQUIFER
APPENDIX N

E, additional lines at end of Laisse LX, replacing Laisse XI omitted

3182	*a*	Desous l'auberc li a ou cors posee	
	b	la boine espee qui d'or ert enheudee.	
	c	Par mi la cuise est d'autre part pasee.	
	d	Desramés brait conme beste fraee;	
	e	bien oïsiés d'un crit d'une liuee.	
	f	A icel cop est Guibors relevee;	
	g	de bien ferir iert molt entalente[e.]	
	h	Li cuens Guill. a vertu recovree.	
	i	Del paien traist Joiouse ensanglentee.	
	j	Forment li poise qu'est si la cose alee.	
	k	Dist Desram.: "Ma raisons est fausee.	
	l	Forment me poise quant on l'a trespasee.	
	m	Traiés ariere et laiés la melee.	
	n	Ceste batalle n'est mie a droit finee.	
	o	Si ne fu mie par mon cief porparlee.	
	p	Guibor ma suer a tel cose brasee	cf. v. 3187
	q	dont ele avra l'arme del cors ostee".	cf. v. 3188
	r	Vient a son pere qui se viautre en la pree,	
	s	prist l'ongement en la loque quaree,	
	t	molt li a tos sa plaie resanee.	

APPENDIX O

B¹ after v.3488 and preceding v.3491

    Puis le fera Renuart presenter.
    Ce li fera son duel renoveler.
    Dient paien,: "Sire, lessiez ester,
    ne troveriés qui li osast porter
    por .I. reaume se li voliez doner.
    Mais Maillefer face l'en doctriner
    et bien nourir por plus tost alever.
    Puis le façon sus .I. cheval monter
    tant qu'il le sache et conduire et mener,
    porter ses armes et lancier et ruer.
    Et maintenant fesons partout mander
    tout soient prest Sarr. et Escler
    si qu'a vo mant les puissiez assenbler
    et les vessiaus face l'en aprester
    si que puissons par mi la mer sigler
    quant vos vodrois sus orestïens aler".
    Ce dist Tieb.: "Bien m'i vueil acorder
    mais ne porroie pas Maillef amer,
    ne moi tenir de lui a vergonder
    car trop m'a fet ses peres endurer
    paine et travail,fais mes homes tuer".

APPENDIX P

B^1 starts a new laisse before v.3515, Laisse LVIIIa replacing Laisse LXIX of D omitted.

> Ce dist Guillaumes : "R., tort avez!
> N'estes pas sages se ainsi en alez.
> Menez o vous .XM. homes armez;
> cherchiés les pors environ de touz lez.
> G'irai o vous, car deservi l'avez!
> Querons vo fil tant que trové l'avrez.
> S'il est en vie, noveles en orez".
> Dist R., : ".V. cens mercis et grez.
> Tous seuz irai, tele est ma volentéz.
> A Damedieu soit vos cors conmandez".
> Lors se departent, ez les vous desevrez.
> De vers la mer est R. tournez.
> O lui n'en vait estranges ne privez.
> Selonc la rive s'en est acheminéz;
> par maintes fois s'est arrier regardez;
> s'il le sui'st nus homs de mere nez,
> molt volentiers se fust a lui mellez
> car molt estoit courouciez et enflez.
> De lui lairai, de Guill. orez.
> A Pompaillart est li quens retornez.
> La fu Guibors et Bertrans l'alosez;
> si fu Gyrars et Gaudins li senez.
> De sodoiers y ot molt assemblez.
> Cil du païs ont les ouvriers mandéz,
> si font refaire les murs et les fossez.
> Li quens s'en part, plus n'i est arestez.
> Guib. en maine et des autres assez.
> Dusqu'a Orenge ne fu leur frains tirez.
> Por Renuart fu Guill. irez,
> Guibours en pleure et li autre barnez

B^2 from v.3517 and before Laisse LXX of D

> Li quens l'entent qui molt fist a loer.
> A Ren. n'en osa plus parler.
> Ne vous en veull longuement sermonner.
> A tant departent, s'acueillent a esrer.
> Droit a Orenge vint Guill. le ber
> et sa moullier que molt pooit amer.
> Et Ren. a pris a cheminer
> vers Loquiferne qu'il voudra craventer.

Se Diex ce done qu'il y puisse arriver,
maint Sarr. voudra escerveler
et Maillefer du païs heriter.
Et les François que Diex puist honorer
qu'a Pompaillart se vodrent demourer
pour le païs contre paiens tensser
firent les tours et les murs relever.
En poi de temps y ont fet tant ouvrer
que nes esteut mes de paiens douter.

PROPER NAMES

ABERON AUBERON	3314 4093, king of Monnuble, brother of Picolet.
ACHEÜ	1619, Loquifer's sister, offered in marriage to Renoart.
AËLIS (AALIS)	425 611 623 628 654 745 778 4219, Renoart's wife.
ANFELISE	913, her name is linked with that of *Baldus de Ramés*, to whom she is supposed to have given her glove. Compare *Foucon de Candie* where her name is associated with that of Mauduit de Ramés.
AIETE	127 1621 3505, in v.1621 and 3505 it is used in *les Tors d'Aiete:* this may be Gaeta in Italy.
ALESCHANS	83 132 924 975 1106, battlefield, scene of a battle during which Renoart helped Guillaume to rout the Saracens: name of the epic preceding *Bataille Loquifer*.
ALÏER	933, Kingdom of Butor, one of Desramé's advisers.
ALIXANDRE	2394, King Alexander the Great, to whom Recuite, one of Loquifer's swords is reputed to have belonged.
AMAUGON	3734, one of King Arthur's subjects.
ARBRE QUI FANT	3635, also called the *Sec Arbre* (see Van Waard, *Études sur l'origine et la formation de la Chanson d'Aspremont*, Groningen 1937, p.242).
ARABE (ARABLE)	1158 2191 4015, *Arabia*, kingdom of Tiebaut (*Calabre* according to one variant).
ARTU/ARTUT/ARTUS	3637 3662 3666 3673 3733 3741 3785 3819 3845 3891 3896 3898 3899 3912, King Arthur, King of Avalon.

PROPER NAMES

AUCIBIER	133 257 921, giant, nephew of Ysabras, killed at Aliscans by Renoart.
AUMARIE	811 1050, town of Tunisia which the Latin chronicles call *Almadia* or *Africa* (See C.Régnier, *La Prise d'Orange*).
AVALON	3634 3661 3678 3722 3791 3814, King Arthur's capital where Renoart spends a short time with Morgue la Fée.
BALDAIRE	10 − 128 *(Tor Baldaire)*. Prison where the Saracens hope to imprison Renoart (v. *Liber de Regno Sicilia*, ed. G. Siragusa Rome 1897). Baldaire might be identified with *Castrum Buteria*, Sicily. See C. Cremonesi, Bol. Cent. d. Studi fil. e ling. Siciliani, IX, 1965, p.8-13, *Baudune* is situated in the Peninsula di S. Raineri.
BALDUS (de RAMÉS)	895 912, Var. MAUDUIT/MAUDUIS de Ramés, partisan of Desramé, suitor of Anfélise, possibly to be identified with Mauduit de Ramés in *Foucon de Candie?*
BALESGUÉS	159, unidentified place name. Balaguer?
BARATON (BARANTON) (BARENTON)	29 431 731 751 759 803, place name, locality unknown, Desramé's capital.
BARRÉ	2408 2439, pagan god or demon who comes to Loquifer's help when he is defeated by Renoart.
BAVIERE (PORS DE)	2148, unidentified place name.
BELVAIS	671, Beauvais.
BELZEBU	1623 2379 2408, pagan deity invoked by Loquifer and who comes to his help.
BERTRAN	1085 1092 1110 1278 1331 1369 1496 1868 2071 2094 2479 2695 2868 2875 2884 2897 3011 3014 3015 3192 3226 3229 3271 3336 3577, a nephew of Guillaume d'Orange.

BONES ARTUS	1620 2381, place name sometimes identified with the Columns of Hercules.
BOREL	922, "Roi Borel" in *D*, "fil Borrel" in *E*. Pagan king who took part in the battle of Aliscans. Borrel, counts of Sangro, are historical personages mentioned in the *Geste de Robert Guiscard* by Guillaume de Pouille.
BORIENE	4148, place near which Chapalu tries to scuttle Renoart's ship.
BRACEFIERE	2146, nickname of Guillaume d'Orange.
BRETAIGNE	3968, Britanny.
BRETON	3658, a Breton who sings a lay called "*Gorehon*".
BRIE	3041, place of origin of the so-called author of *Bataille Loquifer*.
BRUNEHOLT	3801, nymph, mother of the monster Chapalu.
BURTANS (D'ALÏER)	933, pagan king, one of Desramé's advisers.
CAFARNAON	6, maybe Capharnaum in Palestine?
CAHU	1618 2364, pagan divinity.
CANDIE, PORT DE	1063 1812 (3349 elme de CANDIE). Possibly Gandia in Spain?
CHALON	3663, Charlemagne.
CHAPALU/S	1629 pagan divinity, 2396 pagan king, 3738 3743 3752 3760 3763 3770 3775 3779 3787 3790 3792 3798 3805 3820 3822 3830 3836 3848 3853 3859 3950 3970 4141 4144 4153 4165, monster whom Renoart fights in Avalon and who is metamorphosed after sucking blood from Renoart's heel.
CHARBOUCLÉ	2589, pagan to whom Desramé entrusts Renoart's son Maillefer.

PROPER NAMES

CLARÏAS	17, pagan.
CLARÏON	45 59 77 86 104 237 300 317 322 342 354 410 451 459 479 502 524 536 550 557 565 573 625 662 749 800 805 813 818 834, pagan king, Ysabras' emissary sent to lure Renoart on board his ship.
CORBON (CORBANS)	3922 3954, illegitimate son of Morgue la Fée and Renoart.
CODROÉ	3281, a pagan.
CORDES	533, Cordoba.
DESRAMÉS	8 and passim. Pagan king, father of Guibor and Renoart, killed in this version by Guillaume d'Orange.
DOLEREUSE / DOLEROSE	2396 sword said to have belonged to King Chapalu 1558, sword said to have belonged to Matussalé.
DURONDART	3096, Durendal, Roland's sword.
ESCLARÏAS	2662, a pagan.
ESCLAVON	14, 27, Esclavons, a pagan race.
ESCLER	519 1259 2616 3489, Slav, term used to describe the Saracens.
ESPAIGNE	531 1443 1454, Spain.
ESTANPES	670, Estampes.
FRANCE	697 908 946 1079 1093 1622, France.
FRANS, FRANSOIS	558 3259, French.
GADRES	1937 1961, possibly Cordoba, once famous for its leather goods.
GAUFIER	857 888 898 910 947, a pagan, present at Desramé's "conseil de guerre".

GAVAIN (GAUVAIN)	3638 3663 3903, King Arthur's nephew.
GIBOÉ/GIBOÉS	2053, le rois G., a king. 2904 maistre G., one of Renoart's tutors. 4060, "niés Loquifier", one of Loquifer's nephews. According to *B* he is one of Renoart's brothers whom R. is reputed to have killed. Cf. *Chevalerie Vivien*.
GLORÏETE	1091 2087, Palace at Orange.
GOREHON	3659, Var. *Gramon, Gorhon*, hero of a Breton lay.
GRIGALET	3803, An elf, Chapalu's father.
GUIS	1496 2071 3577, probably Gui de Conmarchis, one of Guillaume's nephews.
GUIBOR	905 and passim. Desramé's daughter, Renoart's sister and wife of Guillaume d'Orange.
GUICHART	3577, a French knight.
GUILLAUME	171 and passim, Guillaume d'Orange, known as BRACEFIERE 2146, FIEREBRACE 3171 *lou marchis* 793 and passim, *au cor neis* 171 etc.
GUILLAUME	3047, Li cuens in *D*, li rois in *E*, person accused of having stolen the manuscript of *Bataille Loquifer*.
HIDOSE	1556 2397, one of Loquifer's three swords.
ISORÉS	2052, King, of Desramé's entourage.
JENDEUS DE BRIE	3041, *Grandor* in *E*, *Gaudours* in *B*, self-styled author of *Bataille Loquifer*.
JHESU	185 et passim, Jesus Christ.
JOIEUSE	2842 3112, name of Guillaume's sword: 3078 JOIOUSSE: 3094 3115 3382 JOIOSE: 3119 3407 JOOSE: JOOSSE 3178: 3348 JOOUSSE.

PROPER NAMES

JURSALEM	1813, Jerusalem.
LON	3918, Laon.
LONBARDIE	2502, Lombardy.
LOOÏS	698, Louis King of France.
LOQUIFER, LOQUIFIER	520 and passim, Giant, Desramé's champion, killed by Renoart in single combat.
LOQUIFERNE	934 and passim, Loquifer's kingdom and country to which Tibaut goes after his defeat. In 3391 it is called "la grant cité antie".
LUTIS (PORT DE)	858 883, unidentified place name belonging to one of Desramé's counsellors.
MAGDALENE	587, Mary Magdalene.
MAHOMET, MAHON	137 and passim, Mahomet.
MAILLEFER	788 2505 2549 3455 3460 3572 3604 3953 3999 4005 4069 4112 4220, son of Renoart and his wife Aelis.
MARGOT	922, "Lou puissant" in *D* but "le tirant" according to *ABF*. A pagan whom Renoart is alledged to have killed at Aliscans.
MARIE, Sainte	624 1694 1836 1865 2291 2496 2525 2948 2957 2969 3159 3371 3712 3844 4171, Saint Mary.
MARSÏON	3671, one of Morgue la Fée's sisters who helps her to carry Renoart to Avalon.
MATUSSALÉ	1558, Methuselah.
MONFERRENT	672, The Marquis de Monferrent is aboard the French ship which comes to Renoart's rescue. The variants also mention this name at v.1084. There was a historical Boniface del Vasto, Marquis of Monferrat, uncle of Adelaide, wife of Roger I of Sicily.

MONJOIE	2446 2712, War cry of the French
MONNUBLE	2111 3315 4092, kingdom of Auberon who is Picolet's brother. Picolet becomes lord of Monnuble on his brother's death. He takes Maillefer there.
MONPELLIER	1991, Montpellier.
MONT AGU	2393, place name which is difficult to locate.
MORGUE, (MORGAIN)	2671 3703 3847 3908 3920 3931 3949 4158, Morgue la Fée, sister of King Arthur, mother of Renoart's son Corbon.
MURGALIE	812, one of Desramé's kingdoms.
NERBONE	2091, Narbonne.
NUBIE	1053, Nubia.
NUBLES	2053 2186 2542, kingdom belonging to Outran.
ODÏERNE	3641 3876 3880 3943, town or kingdom belonging to Tibaut, possibly synonymous with Loquiferne.
ORABLE	177 1182 2643, Guibor's name before she was baptised.
ORBRIE	1061, town or fortified place belonging to Ospinel, not far from Salorie.
ORCON	3802, place where Bruneholt, Chapalu's mother was ravished.
ORANGES ORENGE/S	84 175 902 915 1070 1077 1082 1090 1181 1246 2086 2426 2457 2497 2653 2668 2689 3266 3512 3522 3576 3642: (in 2156 la tor d'Orenge) Orange.
ORÏENT	927, the East.
ORÏON	3799, birthplace of Chapalu.

PROPER NAMES

ORLIENS	669, Orléans.
OSPINEL	1062, Saracen, hero of an epic now lost, here lord of Orbrie. (cf. *Erec et Enide* l. 5779).
OUTRANS	2053 2186, OTRANS 2542, king of Nubles, soothsayer.
PANEVAIRE	2691, place not far from Orenge.
PARIS	649 669 873 3614, Paris
PAVIE	2501 2972, Pavia.
PERCEVAS	3905, PERCEVAL, knight of the Round Table, a member of Arthur's court in Avalon.
PERSIE	2495 2984 3390, Persia.
PICOLET	965 988 989 1162 1174 1203 1212 1225 1235 1240 1244 1272 1281 1403 2111 2120 2123 2140 2143 2554 2572 2575 2580 3307 3313 3423 3434 3436 3441 3453 3467 3474 3477 3479 4050 4056 4073 4085 4094 4100 4121 4131. Picolet is Loquifer's messenger and Auberon's brother. He abducts Maillefer at Desramé's behest but rescues him from death from Tibaut.
PILATRE	2379, PILASTRE 2408, pagan divinity invoked by Loquifer.
PLORENCE	1557, one of Loquifer's three swords.
PORPAILLART	510 520 713 763 770 1065 1075 1081 1083 1160 1276 1294 1605 2251 2627 2666 2676 3282 3300 3545 3554 3955 4209 4213. Town given to Renoart as a 'fief'. It has been suggested that it be identified with Lattes near Maguelonne: see M.L.R., LI, No.4., October 1956.
PRÉ NOIRON	87, NOIRON PREIT 371: NOIRON PRÉS 2078, 'Pratum Neronsis' near Rome.

RAMÉS	See BALDUS de.
RECUITE	2394 2448, one of Loquifer's three swords which, according to v.2394 is reputed to have belonged to Alexander the Great (to Charlemagne according to *E*).
RENOART	4 and passim, son of Desramé and brother of Guibor.
ROLANT/ROLLANT	3096 3638 3902, Roland.
ROME	52, Rome.
SAINT DENIS	668, Saint Denis.
SAINT ESPIR	2996, The Holy Ghost.
SAINT JEHAN BAPTISTE	589, St. John the Baptist.
SAINT JELIEN	4193, Saint Julien of Brioude in Auvergne.
SAINT LIS	670, Senlis.
SAINT PRIVÉ	2168, Saint Privé.
SAINT SIMON	3730, St. Simon.
SALATRÉ	2903 4028. In the former he is an enemy of Desramé who was marching against him when Renoart disappeared. In the latter he is a Saracen whom Tibaut orders to kill Maillefer.
SALEMON	2, King Salomon.
SALERIE	2979, locality difficult to identify (variants ESCLAVONIE).
SALORIE	1060, straits through which Desramé's army pass en route to attack Porpaillart.
SALT MALATOIS	2537 2540, narrows into which Renoart throws Desramé's head and where its presence gives rise to countless storms.

SARRASIN/S	32 and passim, Saracen/s.
SARRASIN (LE)	1376 1650 1722 1751 2018 2212 2226 2304 2307 2347 2365 2388 2449, synonymous with Loquifer.
SATHAN	2407, heathen god.
SEZILE	3045, Sicily.
SIGNAGON	1275 1287 2052, here a pagan king, one of Desramé's courtiers, but King of Palermo in *Moniage Guillaume*.
TIBAUT	176 424 and passim, (T. l. riche roi Escler v.4000,) described as Desramé's nephew in v.3367, Guibor's first husband.
TOLOSE SOR MER	3955, one of Renoart's fiefs. In *Moniage Guillaume* it belongs to Guillaume.
TURMIE	813, country of Ysabras' henchman Clarion.
TURC/TURS	493 et passim, pagan nation or race.
VAL BRU	2397, an unidentifiable place where Hidose was forged.
VAL RUE/VALRUE	1162, country associated with Picolet.
VAL TENEBRÉS	1243, one of Loquifer's kingdoms.
YSABRAS	15 105 123 161 193 (v.194 noitons) 254 268 347 400 720 (v.719 malfés) 830 923 1350, misshapen monster in charge of men sent by Desramés to capture Renoart and and who is killed by Renoart.
YVAIN	3637 3904, one of King Arthur's knights in Avalon.

SELECTIVE GLOSSARY

Abité	687 abiter, to draw near to
Abolostree	3144 a crossbow shot as a measure of distance
Abosmés	1305 dismayed
Abrivé	157 363 swift
Acesmee	3118 well sharpened
Aconseü	1612 hit
Acorné	4033 variant of *acorneté*, bottle fed
Acoveté	206 covered
Ahan	3436 effort
Aieres, aiers	1968, 1690 = arrier, behind
Aïment	18 141 rock, hard stone. The meaning is not clear here
Ais	4179 4184 plank
Alener	2431 here means help breathe
Alie	3374 fruit of the sorb tree, used here in a derogatory sense
Aloier	299 to rally
Aloignier	1056 here probably "they covered thirty furlongs"
Amanevis	638 1490 alert, ready to attack or defend
Amoier	3427 to fear
Anbeü	4076 drugged, rendered unconscious
Anfermerie	2517 predicament

SELECTIVE GLOSSARY

Anjornee	4143 dawn
Ansesserie	2505, here I will give him his rightful heritage
Antailliés	245 *bliaus a.*, decorated with embroidery
Antoche	3296 here the applying of noxious herbs
Apaier	1461 to be reconciled to or with
Aramie	2980 to do battle with
Asaurt	810 variants have *escus*, here possibly shields used as stretchers
Asegurer	1046 *soi aseürer* to tarry: 1268 to confirm or guarantee
Assenés	4106 to be in an enviable position
Astraction	3797 lineage, background
Aufage	473 from *faras* through *farius* first a horse then a Saracen leader. See *Romania* XXVI.
Avor	3057 scribal for *aver*
Baldré	209 2424 cross-belt, shoulder-belt
Bandon	34 *a bandon*, immediately and 3920 at his disposal
Bargie	2522 covered with
Batisson	12 construction, here built at the end of the universe —
Belle	2509 possibly an error for *lune*
Bestorné	216 misshapen
Beter	1772 to congeal
Boisier	3098 to betray
Bondie	1057 resonant noise made by military musical instruments

Brachés	243 hunting dogs
Braier	955 belt
Bretesches	352 castellated wood parapets on a wall
Brief	2384 talisman
Broche	2323 pointed object
Buer	3871 born under a lucky star
Chafer	1099 to warm himself
Chanie	3386 white-haired
Chapelier	1699 1961 cowl made of iron mesh
Chargent	1562 quiver?
Charriere	2143 here might mean hatch
Chiere	815 head, 819 appearance
Ciglaton	48 silk brocade
Clavain	36 192 1544 chainmail hooded cape, chainmail breastplate
Cloie	4164 hurdle, wattle
Cobrer	574 599 to sieze
Coetis	215 small tail
Coife	3410 chainmail hood attached to the hauberk
Costelés	219 provided with sharp blades
Costés	1561 knives
Costu	219 3748 rough, irregular
Croler	594 to shake
Cuivres	1563 javelins

SELECTIVE GLOSSARY

Cur bolit	1543 leather boiled and hardened, worn here under the hood of the hauberk
Daier	202 etc., behind
Defubler	3161 to take off
Deruer	1996 to shake, to brandish
Desbareter	521 to defeat, to put to flight
Desconeüe	2009 dishonourable action, dirty trick
Desous	151 possible scribal error for *descaus* without shoes, barefoot.
Desraisnier	1443 3790 to defend, to dispute possession of
Dessachier	264 to pull jerkily
Desveloper	329 to unfurl
Dolee	3690 planed
Elaine	3971 breath of air
Enarmés	2841 shield prepared for combat by straps being fastened to it
Enbordés	1194 someone who tells lies, a liar
Enheudé	3178 fitted with a handle
Enloquiné	1197 a glib speaker
Enordés	630 soiled
Envier	825 invoke
Epartir	3532 to flash like lightening
Epiker	3287 to set out to sea
Escharguaitier	967 to keep watch over
Escharnis	4129 an object of derision, ridiculed

Esgrumer	3781 to grind, to crush
Esmie	2435 shattered, broken to bits
Eseul (prendre son)	2614 to jump
Esperir, sei.	3623 to awaken
Estache	449 post or stake
Esté	198 stature
Estordre	1473 to escape from someone
Estros, a	616 immediately, undoubtedly
Estuit	2214 tightly
Estrumelés	150 in rags, bare-legged
Eus	3649, *a son e.*, for her own sake
Faide	3561 vendetta, meaning here that Guill. will be absolved from any vendetta incurred by his killing Desramé.
Faite	2708 deed
Falsadone	1560 possibly a missile
Falsar	1564 probably a missile, see Viollet-le-Duc V, 307., possibly *falchart* a curved sword
Fermé	382 487 fortified
Feure	2450 sheath
Forsanés	108 mad with rage
Frison	3731 *etre en*, to be afraid
Fustés	855 to be driven out
Gaignon, guaignon	3330 I would not trust it any more than a cur, 3795 a cur, a mongrel

SELECTIVE GLOSSARY 191

Ganbisson	36 defensive coat worn under the hauberk
Garnecier	1970 Variants have *gosier/grosier*. Godefroy *Lexique* p.264 "greneté, orné de pointes"., ?throat or piece of armour covering it
Gastel	1975 cake
Glu	2374 stubble
Guairisson	3824 salvation
Hachie	796 in pain
Haterel	200 nape of the neck
Hidee	315 appears to be the upper part of the ship
Hurepé	212 shaggy
Jesarme	321 sort of halbard
Jenhui	3073 this very day
Juït	1915 today
Laris, larris	2783 3603 4211 dunes
Lasté	2406 meaning *lasté* weariness
Lonc	278 according to
Mais	603 messenger
Mal, mals	358 579 2624 mast, masts
Manant	777 wealthy
Marrie	2484 "n'i ot voie m.", they did not miss their way to the island
Maris marris	609 3604 3606 sad
Marsis	1486 1511 for *massis*, massive or solid
Mas	3605 sad

Menantie	1076 3716 wealth
Menee	3688 noise and bustle in this context
Meneler	1791 middle finger
Menuer	300 small
Misericordes	1561 2218 small daggers to finish off the enemy
Mue (metre an)	2007 to put in prison
Musardie	2482 folly
Noas	1654 1658 grips of the spear
Noiton	194 831 923 elf
Oré	52 1043 wind?
Ostor	244 goshawk
Pan(t)	428 usually span, here figurative
Pantreres	167 variants have panceres. Nets?
Paonier	969 1664 footsoldier. In "glave a paonier". v. 1664 if may mean to wield a spear with one's fist
Pautonnier	260 1670 scoundrel
Picois	634 2217 kind of axe used on merchant ships
Plomé, plomée	2216 2414 weighted club
Poisie	2515 pitch black?
Ponee	3169 3557 arrogance
Porpre	3611 a kind of fur
Pouz	1003 for pouces, used figuratively
Praer	1122 to pillage, to rob
Preut	1680 advantage, benefit

SELECTIVE GLOSSARY 193

Qatis, quatis	650 662 to hide
Quarrel	210 1564 2215 dart of which one end was square
Quartaine	3975 *fievre q.* ague
Quepoul	3919 bedposts
Ques	3893 cooks
Recovrer	1265 1579 to gain the upper hand; in 3044 to earn
Recumé	738 cut off
Renoié, renoiet	2864 2872 renegade
Repasser	2929 to heal or cure
Resachier	3141 *au r.* upon withdrawal
Rester, reter	1780 1890 to accuse
Restorner	537 sail back
Reverchier	968 a possible scribal error for *recerchier* to search for
Rois	553 nets
Roilli	352 dialectal for *reillié*, barred or fortified
Saiete	443 arrow
Seü	2389 elder tree
Si	1647 until
Sigle	182 ship's sail
Soignantage	472 concubinage
Solier	254 platform
Sospris	3582 sighs
Tardis	2215 for *tarcois*, quiver

Targe	871 1169 3125 3139 3379 square shield
Tenier	1712 *dusqu'au t.*, up to the hilt
Terrier	297 here poop or forecastle
Tilee	2701 slate grey
Tinel	79 etc., club
Tires	48 kind of silk originally from Tyre
Tortis	2141 torches
Tres	621 sails (See A. Thomas *Mélanges d'étymologie*, 2nd ed., p.197-200 *R.E.W.* 8823a or *Romance Phil.*, XXII,4,1959, p.604)
Tregiter	3695 decorated
Trelie	3381 closely interlocked
Tremüé	3866 to change appearance
Trepasser	1166 here to go past
Triblés	4064 *aremens t.*, crushed dye
Turcois	1610 quiver
Viautre	243 hunting dog
Voltis	3612 arched curved

www.ingramcontent.com/pod-product-compliance
Lightning Source LLC
Chambersburg PA
CBHW031431150426
43191CB00006B/468